rowohlt repertoire
macht Bücher wieder zugänglich,
die bislang vergriffen waren.

Freuen Sie sich auf besondere Entdeckungen
und das Wiedersehen mit Lieblingsbüchern.

Alle **rowohlt repertoire** Titel finden Sie auf
www.rowohlt.de/repertoire

Rechtschreibung und Redaktionsstand dieses Buches
entsprechen einer früher lieferbaren Ausgabe.

Veröffentlicht im Rowohlt Verlag, Reinbek bei Hamburg
Copyright für diese Ausgabe © 2018 by
Rowohlt Verlag GmbH, Reinbek bei Hamburg
Umschlaggestaltung Anzinger und Rasp, München
Druck und Bindung CPI buchbücher.de, Birkach

ISBN 978-3-688-11168-8

rowohlt repertoire

Sven Amtsberg

Das Mädchenbuch

Rowohlt Taschenbuch Verlag

2. Auflage September 2003

Originalausgabe
Veröffentlicht im Rowohlt Taschenbuch Verlag GmbH,
Reinbek bei Hamburg, Februar 2003
Copyright © 2003 by Rowohlt Taschenbuch Verlag GmbH,
Reinbek bei Hamburg
Umschlaggestaltung Cordula Schmidt / Notburga Stelzer
(Foto: Die Illustratoren / Stuart Holmes)
Autorenfoto: Nele Martensen
Satz Apollo und Pump Postscript (PageMaker)
bei Pinkuin Satz und Datentechnik, Berlin
Printed in Germany
ISBN 3 499 23321 5

Die Schreibweise entspricht den Regeln
der neuen Rechtschreibung.

Inhalt

Abgeschnittene Haare	11
Alster	17
Annas Kleid	23
Bar	30
beineabschneiden	42
bist du glücklich	45
Borneo	50
Braune Pferde	51
Chihuahuas	54
Das eine Mädchen	59
Das Mädchen mit dem Mund	64
Das Salz auf ihrer Haut	70
Der Flur ist tapeziert	74
Der halb tote Vogel in mir	77
Dickmacher	79
Die Klassensprecherin	88
Dutt	90
Ein Tag am Meer mit Shirley	94
Es gibt Schlimmeres	99
Fama und Fauna	102
Fischgericht	108
Florida	114
Fragen fragen	116
God Save The Queen	119
Hanseatische Gastlichkeit	123
In ihren Haaren	127
Japanerinnen	129
jenseits des zentrums	131
Joghurt mit Zucker	132

kaputtgegangen	137
Katzenkrätze	140
Laura und ich	143
Leuchtstoff	145
Mädchengeschichte mit roten Käfern mit schwarzen Punkten	146
Maria	152
Mein kleines Liebchen	156
Meine neue Verlobte	159
Mundmädchen	164
Nachtangst	165
Nazimädchen	167
Polen am Arsch	168
Rotmund	173
Scheißromantik	178
Sechshundert	180
Shooting	182
Sie sagt nichts	185
Sie spricht von Liebe und Überfällen	191
Sie, sie, sie	195
Sommerloch	198
sonnesehen	202
Sterne und Herzen	208
Stiller Abend	214
Tanz der Fische	216
Tatsachen über Angelika	218
ticken	224
Ute	229
Vergraben	231

Vögel am Stadtrand 234
Wer sie war sagen 239
Wintermantel 248
Zeit der Zärtlichkeit 252

Du, weißt du noch, wie wir auf Schlittschuhen waren,
Und ich hab' geglaubt, du könntest prima fahren,
Ohne Pause ließ ich meine Worte holpern,
Und du hast dauernd versucht zu stolpern,
Dass ich dich auffing,
Das war das erste Rendezvous,
Und seitdem verflog jeder Tag wie im Nu,
Und jetzt möchte ich, dass du weißt,
Wo immer du auch hin verreist,
Nach Atlantic City oder in Schnee und Eis,
Dass bis ans Ende unserer Tage,
Solange ich deinen Ring an meinem Finger trage,
Ich da bin und dich auffange.

Rocky Balboa, 1979

Abgeschnittene Haare

Es hat sich etwas verändert. Ich habe es erst später bemerkt. Aber es scheint an diesem Tag angefangen zu haben. An dem Tag, an dem sie ihr Haar abschnitt. Es sich kurz schnitt. Sie hatte vorher lange Haare. Braune Haare. Ich mag ihr langes Haar. Ich mochte es.

Ich weiß noch, wie es war, als sie vom Frisör wiederkam. Sie hat nicht erzählt, dass sie hinwollte. Die Sonne schien. Sie lächelte, als sie die Haustür aufschloss. Es wirkte unnatürlich. Es schien, als hätte ich sie noch nie zuvor lächeln gesehen. Aber ich sagte nichts. Starrte sie nur an. Starrte auf den Teil ihres Haars, der noch da war. Um sie ein heller Kranz von der Sonne. Ihre Gestalt wirkte ausgefranst an den Rändern. Es blendete mich.

Sie schloss die Tür wieder hinter sich, und ich konnte sie jetzt richtig betrachten. Sie stand für einen Moment einfach da, und auch die Situation schien stehen zu bleiben. Wurde zu einer Fotografie. Sie mit dem kurzen Haar im Flur. Dahinter die fliederfarbene Mustertapete, die wir gemeinsam ausgesucht hatten. Neben ihr stand der Schrank aus Eiche, der im Laufe der Zeit immer dunkler zu werden schien. Es lagen allerlei unnütze Dinge in ihm. Handschuhe, Schals, Mützen. Mehr Dinge fielen mir nicht ein. Sie stand daneben. Die dunkle Ecke des Schranks ragte in das Bild, berührte sie fast an ihrem Kopf. Drum herum die fliederfarbenen Papierblumen. Es wirkte fremd. Sie wirkte fremd, und ich wusste, dass ich ihre Frisur nicht mochte. Und ich wusste, dass sie nie wieder lange Haare haben würde. Und dass irgendetwas mit ihnen gegangen war. Etwas von dem, was mal gewesen war.

Aber ich sagte nichts. Ich log sie an.

Schön siehst du aus, sagte ich und streckte meine Hand nach ihr aus.

Die Situation löste sich wieder aus ihrer Erstarrung. Aus der Fotografie begann ein Film zu werden. Sie griff nach meiner Hand und begann sich an ihr zu drehen. Drehte sich, damit ich ihren Kopf von allen Seiten sehen konnte. Das Haar daran, das sich kaum noch bewegte bei ihrer Bewegung. Jedenfalls im Gegensatz zu früher. Es wirkte fast lächerlich, so kurz, wie es jetzt war.

Wir sprachen nicht weiter darüber. Ich ertrug einfach, dass es so war, wie es war. Sie schien glücklicher zu sein. Sie lachte in den nächsten Tagen mehr als sonst, und es tröstete mich ein bisschen darüber hinweg, dass wir etwas verloren hatten. Es war schön, sie so zu sehen. Das musste ich zugeben.

Die Tage vergingen, und ich sah ihrem Haar beim Wachsen zu. Vermutlich geschah es eher unbewusst, aber ich ertappte mich oft dabei, wie ich es jeden Tag eine Weile betrachtete. Ihr fiel es auf, und sie fragte etwas später danach. Sie fragte mich, was ich immer so gucken würde. Nichts, sagte ich erst, und beim zweiten Mal sagte ich, dass ich mich noch immer nicht an ihre neue Frisur gewöhnt hätte. Das war etwas, was der Wahrheit schon sehr viel näher kam, als dass es mir gefiel. Dass sie schön aussah.

Sie lachte und strich sich Haar hinter ihr Ohr. Eine Geste, die neu war. Die mit dem neuen Haarschnitt gekommen war.

Auch das irritierte mich. Ständig strich sie sich jetzt Strähnen hinters Ohr. Schatz, sagte sie, so langsam solltest du dich dran gewöhnen. Mir gefällt es so, wie es ist.
Ja, erwiderte ich nur und ging ins Bad, um zu duschen. Um alleine sein zu können.

Der Spiegel beschlug von dem heißen, laufenden Wasser in der Dusche. Ich musste aufhören, mein Gesicht anzustarren. Ich zog mich aus stattdessen und betrachtete die Falten, die meinen Körper überzogen wie ein Algengeflecht. Schön war auch ich nicht mehr, und ich wusste nicht, ob ich es jemals gewesen war.
Das Wasser war fast zu heiß. Meine Haut wurde rot, aber ich tat nichts dagegen. Es war ein angenehmes Gefühl, das Brennen auf der Haut spüren zu können. Ich dachte, es würde meiner Haut gut tun. Sie straffen, die Algen glätten.

Dann stand ich nackt im Schlafzimmer vor dem Kleiderschrank. Starrte in sein Inneres. Ich musste lange so dagestanden haben.
Was ist mit dir, fragte sie.
Ich spürte ihre Hände auf meinem noch warmen Körper. Sie waren kalt, und ich hätte nicht sagen können, wie viele es waren. Die Berührung war unangenehm, und es war gar nicht, dass sie kälter war als ich. Es war etwas anderes.
Ich roch sie. Spürte sie. Merkte, wie sie ihren Körper an mich presste, schmiegte. Und wäre gerne fortgegangen. Hinein in den Kleiderschrank und hätte die Türen geschlossen. Aber das tat ich nicht. Weil man das nicht tut. Ich

streckte nur meine Hände hinein und griff nach Sachen, wahllos, Unterwäsche, eine blaue Hose, ein gelbes Hemd. Dann trat ich ein Stück zurück, um die Türen wieder schließen zu können. Sie war jetzt nicht mehr hinter mir, sie war verschwunden. Ich konnte ihre Schritte auf der Treppe hören.

Wir aßen stumm Abendbrot. Ich aß trocknes Brot. Nippte an kaltem Tee. Starrte sie an, während ich meinen Mund fühlte. Die Dinge darin.
Sie blickte auf ihren Teller. Früher hatte ihr Haar ihr Gesicht dabei verdeckt. Es hatte bis zur Tischplatte gereicht. Jetzt schien sie zu lächeln. Ihre Lippen zogen sich bis unter die Augen, während sie weiter in den orangen Kreisen auf dem Teller versank und lächelte. Und lächelte.
Ich hörte auf zu kauen. Legte das Graubrot auf den Teller zurück. Rannte die Treppen nach oben. Mit meinen Händen griff ich in die Tiefen des Kleiderschranks. Ließ alles, was sie anfassten, in den dunkelblauen Lederkoffer fallen.

Deine verdammten Haare, schrie ich auf der Treppe. Hysterisch und laut. Wo sind deine verdammten Haare.
Sie sah mich erschrocken an. Was ist mit meinen Haaren, fragte sie. Dabei fasste sie ihr kurzes Haar an. Was hast du.

Sie war mir nach oben gefolgt. Sie hatte im Türrahmen des Schlafzimmers gestanden. Mich beobachtet. Ich hatte sie beiseite geschoben. Ich hatte erst auf der Treppe angefangen zu sprechen. Angefangen zu schreien. Sie hatte die ganze

Zeit geredet. Ich hatte es nicht gehört. Ich hatte gar nichts gehört. Hatte nur meine Hände gesehen. Wie sie die Verschlüsse schlossen. Wie sie den Griff nahmen. Dann war ich auf der Treppe. Deine verdammten Haare.

Ich sah sie von draußen in der Haustür stehen. Die angebissene Scheibe Graubrot noch immer in ihrer Hand. Sie balancierte sie auf ihren weißen Fingerspitzen. Mit den Augen folgte sie mir. Ich lief die Ausfahrt entlang. Ich lief auf die Straße. Immer wieder schrie ich, deine verdammten Haare. Deine gottverdammten Haare.
Sie sah, wie ein metallicgrüner Opel Omega mich erfasste. Wie ich ein Stückchen durch die Luft geschleudert wurde. Der Koffer durch die Luft segelte. Auf das Grundstück der Nachbarn fiel. Er ging nicht auf.
Während des Fallens sah ich sie noch einmal an. Ich hatte aufgehört zu schreien. Deine verdammten Haare. In mir war jetzt die Stille. Von den Bremsen hörte ich nichts. Von den Reifen hörte ich nichts. Alles, was war, war Sehen. Ihre Augen waren jetzt große Augen. Ihr Mund war rund. Ein Schrei kam aus ihm heraus. Und dann begannen die Geräusche wieder einzusetzen. Asphalt kam. Der Geruch meiner Kindheit. Meine Mutter ist da. Sie trägt Lockenwickler und singt.

Sie ist weiß. Sie sitzt auf der Bettkante. Neben mir hustet jemand Schleim aus.
Hinter ihr sind bunte Farben. Ihr Gesicht ist verschwommen. Das Braun ist länger als das Weiß. Flächen.

Ich strecke die Hand nach ihr aus. Versuche die Farben zu berühren. Das Braun.

Die Farben kommen näher. Das Braun beginnt zu schaukeln. Sie beugt sich runter zu mir.

Ich kann das Braun berühren. Es fühlt sich warm an. Weich.

Alster

Es ist ziemlich weit, um die Alster zu gehen. Vor allem um die Außenalster. Bei schönem Wetter geht es. Bei schlechtem dauert es länger. Man muss sich immer wieder unterstellen, damit man nicht nass wird von dem Regen. Weil man dann sonst krank werden kann. Weil man dann sonst noch mit nassen Klamotten um die Alster laufen muss und der Weg ziemlich weit ist. Gerade wenn es regnet.

Ich bin noch nie um die Alster gelaufen. Warum auch. Man kommt ja doch nur wieder da an, wo man losgelaufen ist. Das ist sinnlos.
Mit ihr muss ich das erste Mal um die Alster. Als wir losgehen, scheint noch die Sonne. Irgendwann tut sie das nicht mehr, und der Regen kommt. Aber wir können nicht mehr umkehren, weil wir schon zu weit gelaufen sind. Da ist der Weg nach vorne, genauso lang wie der zurück. Da geht man lieber nach vorne. Stellt sich unter und wartet, dass der Regen wieder aufhört.

Ich erzähle ihr von meiner Drogensucht. Dass es harmlos anfing. Marihuana auf Partys, Haschisch in Kellerräumen. Ich war jung und ahnungslos. Dann haben wir Heroin geraucht, sage ich. Das Spritzen kam erst später.
Sie sagt, ich habe Angst vor Spritzen.
Das gibt sich mit der Zeit, sage ich. Wird so normal wie Butter aufs Brot schmieren.
Ja, sagt sie.
Ja, sage ich.

Wir gehen weiter um die Alster. Sie zeigt auf dicke Vögel mit dicken Beinen, die am Rand der Alster sind. Gänse, sagt sie. Graugänse.
Ich zeige auf einen weißen Vogel auf dem Wasser. Schwan, sage ich. Das ist ein Schwan.
Ja, sagt sie.

Schlimm wurde es, als das Geld ausging, sage ich nach einer Weile, in der wir so getan haben, als würden uns die alten Scheißvögel auf der Alster interessieren. Wir mussten uns was besorgen. Drogen können teuer sein, wenn man viel davon nimmt.
Sie nickt und formt meine Haare mit ihren Händen zu einem Seitenscheitel. Es ist angenehm, wie sie das tut. Es beruhigt mich auf eine Art. Sie erinnert mich an LSD.
Du erinnerst mich an LSD, sage ich, und wir bleiben stehen, damit sie mich küssen kann.
Hast du schon ans Aufhören gedacht, fragt sie anschließend.
Ja, sage ich, schon oft. Ans Aufhören denkt man ja ständig. Weil es irgendwann auch aufhören muss, wenn es mal angefangen hat.
Sie nickt ernst, das verstehe ich.
Methadon, sage ich.
Methadon, sagt sie. Dabei hält sie meine Hand fest wie eine Drogentherapie.

Als der Regen kommt, haben wir die Hälfte des Weges hinter uns. Sind am höchsten Punkt der Alster angekommen, wäre die Alster ein Berg.

Die Menschen, die sich die Alster ausgedacht haben und den Weg darum, haben sich auch ein kleines Haus ausgedacht, das keine Fenster hat. Es ist darin genauso kalt wie draußen, nur durch das Dach über den Löchern, in denen normalerweise Fenster sind, ist es trocken. Man wartet dort, geht man im Regen spazieren, und sieht den Menschen auf dem Wasser zu, wie sie ganz nass werden. Und krank.

Die Menschen auf dem Wasser, die Menschen in den Booten, die tun, als würden sie rudern, als würden sie irgendwohin müssen, obwohl doch jeder weiß, dass man auf der Alster nicht weit kommt, das sind unbekümmerte, dumpfe Menschen. Sie lachen und kreischen noch. Tun so, als würden sie die Krankheiten nicht interessieren. Sind auch noch laut dabei, damit jeder ihnen zusehen kann, wie sie sich anstecken. Es sind schon Menschen gestorben durch Krankheiten, aber auch das scheint ihnen egal zu sein. Weil auf der Alster nichts nach Tod aussieht. Auch wenn es so riecht.

Wir stehen in dem kleinen Wartehäuschen. Mir fällt nichts mehr ein, was ich ihr noch sagen könnte, und sie spricht sowieso nicht viel. Wir schieben uns statt Worten die Zungen gegenseitig in den Mund. Tief zwischen die Lippen und den Zahnbereich. Man kann die Augen dabei schließen, weil es sonst nichts zu sehen gibt. Für einen Moment könnte man die Patienten auf dem See vergessen, würden sie nur nicht so kreischen und schreien. So tun, als wären sie glücklich, die Arschgeigen.

An der Alster in ihr zu sein, mit der Zunge, und die Augen zu schließen ist wie eine Art Meditation für mich. Es ist in manchen Momenten besser als Methadon, und selbst das Heroin kann ich in diesem feuchten Augenblick vergessen. Es gibt dann nur noch ihren Mund. Eine Tropfsteinhöhle, die mir Schutz gewährt vor dem, was außerhalb von ihr liegt. Angst kenne ich keine mehr, und auch das Reden kann man sich dann sparen. Weil vorher schon so viel gesagt worden ist, um überhaupt küssen zu können. Man muss sich nicht gut kennen zum Küssen, aber ein bisschen zumindest, und dazu muss man reden, reden, reden.

Als der Regen wieder aufhört, gehen wir wieder um die Alster. Kurz habe ich das Gefühl, dass wir gar nicht weitergehen, sondern zurück. Aber ich sage nichts, weil ich nicht dumm erscheinen will. Und nach einiger Zeit merke ich, dass wir doch weiter um die Alster gehen und nicht wieder zurück. Und ich freue mich, dass es jetzt nicht mehr so weit ist. Meine Füße tun weh, und ich habe keine Lust mehr, mit ihr um die Alster zu gehen. Ich wäre jetzt lieber alleine und würde gerne kiffen. Richtig kiffen.
Ich sage, ich würde jetzt gerne kiffen. Richtig kiffen.
Sie sagt nichts, weil ihr Telefon in diesem Moment klingelt. Und dann sagt sie doch was, aber das geht mich nichts an, und ich tue so, als wenn ich weghöre, und überlege, wer Tom ist. Ob Tom ihr Verlobter ist. Aber ich frage sie nicht, als sie das Telefon zurück in ihre Sporttasche gesteckt hat. Ich möchte gleichgültig erscheinen. Sie soll nicht denken, dass ich was von ihr will. Außerdem ist die Alster gleich zu

Ende, da möchte ich nicht noch solche Gespräche anzetteln. Dann dauert es ja noch länger, als es das eh schon tut. Und dann dauert es auch noch länger bis zum Kiffen. Und man kann weniger kiffen, weil die Nacht dann schneller beginnt. Und wenn die Nacht schneller beginnt, dann hört sie auch schneller auf, und dann beginnt der Tag auch wieder schneller. Und der Tag beginnt mit dem Morgen. Und morgens kiffe ich nicht, weil ich davon müde werde, und dann ist der Tag so schnell rum, und es ist gleich wieder Nacht.
Gleich ist wieder Nacht, sage ich.
Ja, sagt sie. Schön, nicht. Es wird Sterne geben.

Wir gehen unter einer Brücke durch, die die Binnenalster von der Außenalster trennt. Und dann sieht man auch schon das Ende von der Alster, und ich weiß, dass es jetzt auch bald gut ist mit dem Umdiealstergehen. Ich endlich nach Hause komme und kiffen kann. Und ich überlege kurz, ob ich nicht auch noch ein paar Beutel Kokain nehmen sollte. Und vielleicht auch etwas Heroin. Und ich halte es für eine gute Idee.

Kurz vor dem Punkt, wo wir losgegangen sind, fängt es noch einmal an zu regnen, und sie will sich schon wieder unterstellen. Aber ich habe keine Lust mehr dazu. Der Regen ist mir egal.
Der Regen ist mir egal, schreie ich ihr noch zu, als ich loslaufe.
Ich laufe, so schnell ich kann, durch den Regen, der mir

nichts mehr anhaben kann. Scheiß auf die Krankheiten, denke ich.
Scheiß auf die Krankheiten, rufe ich einigen Passanten zu, die sich untergestellt haben.

Es ist gar nicht so weit bis zu mir, wenn man läuft. Ich habe das Gefühl, dass gar keine Zeit vergeht, und dann bin ich auch schon zu Hause. Ich reiße mir die nassen Klamotten vom Leibe und rauche währenddessen den ersten Joint. Anschließend rauche ich noch fünf weitere und kaue dabei auf bewusstseinserweiternden Tabletten rum. Irgendwann sehe ich Farben und nackte Engel, die Bobdylanlieder auf Deutsch singen. Ich habe das Gefühl zu schweben. Der Erde näher zu sein als sonst. Ich kann sie mit der Hand berühren. Die violette Oberfläche.

Es ist ein toller Abend für mich, und das Gefühl scheint gar nicht wieder aufzuhören.
Scheiß auf die Alster, denke ich noch, als ich anfange, mir den Körper mit Wasserfarben zu bemalen.
Scheiß auf die Alster, rufe ich lachend, als ich anfange, mich rhythmisch zu bewegen. Zu Klängen, die mich umgeben. Sich so warm anfühlen, dass ich nicht von dort zurückkehren möchte. Niemals zurückkehren möchte. Da bleiben möchte, wo ich bin. Ein Leben zwischen den Gehirnhälften. Dort, wo es besser ist als draußen. Dort, wo es keine Alster gibt, um die man ständig laufen muss. Wo man keine Spaziergänge machen muss. Und ständig nur reden, reden, reden.

Annas Kleid

Annas Kleid hing noch über der Lehne des Küchenstuhls. Dort, wo sie es zuletzt ausgezogen haben musste. Ich hatte ihr nicht dabei zugesehen. Ich hatte nur das Kleid dort gefunden. Es glänzte an manchen Tagen, wenn die Sonne schien.

Ich ließ ihr Kleid auf dem Stuhl. Ich konnte es nicht wegnehmen von dort. Es ging nicht. Ich hätte auch gar nicht gewusst, wo ich es hätte hintun sollen. In den Keller oder auf den Dachboden. Nein, das wäre nicht gegangen. So einfach war das alles nicht. Zumal Anna noch nicht so lange verschwunden war.

Ich habe oft gedacht, dass sie jeden Moment wiederkommen könnte. Sie würde die Tür öffnen. Plastiktüten auf dem Fußboden abstellen. Lachen. Und dann würde sie fragen, wo ihr blaues Kleid hin wäre. Und ich hätte ihr sagen müssen, dass ich es auf den Dachboden gebracht hatte. Das wäre mir unangenehm gewesen. Sie hätte denken müssen, dass ich schnell vergesse. Zu schnell. Nein, das hätte ich nicht ertragen können. Das wäre nicht gegangen. Schon allein ihretwegen. Vergessen hätte ihr wehgetan. Das weiß ich.

Doch Anna kam nicht wieder. Und es schmerzte, ständig daran erinnert zu werden, dass sie einmal da gewesen war. Da war nicht nur ihr blaues Kleid. Die ganze Wohnung roch nach ihr.

Ich hatte gelüftet nach ihrem Verschwinden. Mehrere Tage sogar. Die Fenster standen offen, und es regnete herein. Doch ihr Geruch wollte einfach nicht weggehen. Er hing zwar nicht mehr so dick in der Wohnung, wie es vorher der Fall gewesen war, wie ein Duftperlenvorhang, durch den

man hindurchgehen musste. Aber er war immer noch da. Ich nahm ihn nur allzu deutlich wahr. Ich stieß einfach überall auf ihn. Annas Geruch hing in den Sachen. Der ganze Kleiderschrank schien nach ihr zu riechen. Das war mir früher nie aufgefallen. Erst jetzt nahm ich wahr, wie intensiv es da drinnen nach ihr roch. Als hätte sie da drinnen gelebt und nicht hier draußen bei mir.
Doch am schlimmsten war es nachts im Bett. Das ganze Bett roch nach Anna. Die Leopardenbettwäsche, die Spannbettlaken, einfach alles. Selbst als ich ihre Decke und ihr Kopfkissen unter das Bett stopfte, hörte es nicht auf. Ich wechselte schließlich die gesamten Bezüge und auch das Laken aus. Verbrannte alles in einer Tonne im Hof. Erst jetzt fing es an, allmählich erträglicher zu werden. Ich fand nachts wieder etwas Ruhe, und ihr Geruch schlich sich nicht mehr in meine Träume. Ich träumte wieder von gelben Stofftieren mit braunen Knopfaugen.

Mit der Zeit verging auch meine Langeweile. Ich gewöhnte mich mehr und mehr daran, allein zu sein. Obwohl Anna immer sehr viel Zeit mit mir verbracht hatte, wir spielten sehr gerne Brettspiele miteinander, füllte ich diese relativ schnell. Ich entwickelte neue Hobbys. Ich begann in Illustrierten zu lesen und frischte mein Interesse für Filme wieder auf. Die Ausleihkarte für die Videothek musste ich erneuern lassen. Fünf Jahre ist eine lange Zeit, sagte der Mann zu mir, da passiert ne ganze Menge. Dann schob er mir eine nagelneue Karte über den Tresen, für die ich nichts bezahlen musste. Ich war froh darüber, ohne große Umschweife meinen Neigungen nachgehen zu können. Ich schlenderte durch die Videothek und wählte mir die Filme nach den Abbildungen auf den Schutzhüllen aus. Sie haben aber ne Menge vor, sagte der Mann, als er mir die vierunddreißig Filme, die ich ausgesucht hatte, aus den Regalen holte. Ich nickte und war froh, als die Filme in den Plastiktüten verstaut waren. Ich machte mich damit auf den Nachhauseweg. Ich schob den Stuhl mit Annas Kleid beiseite und breitete die Kassetten auf dem Küchentisch aus. Ich ging dabei sehr sorgfältig vor. Ordnete die Filme nach Kategorien, wie sie das auch in der Fernsehzeitung taten. Action. Komödie. Erotik. Es stellte sich heraus, dass der Komödienstapel eigentlich gar kein richtiger Stapel war. Jedenfalls im Gegensatz zu den beiden anderen. Ich sah die Kassette als Erstes. Ein Film über einen Mann, der die ganze Zeit pupst. Der Film war in Schwarz-Weiß. Als er zu Ende war, spulte ich ihn zurück und sah ihn mir noch einmal von vorne an. Aber lustig fand ich ihn noch immer nicht. Da machten mir die Filme vom Erotikstapel schon mehr Spaß. Jedenfalls wurde mir nicht langweilig dabei.

Ich musste relativ viel Geld für die Filme bezahlen. Das hatte ich nicht gedacht, und ich beschloss, lieber bei den Illustrierten zu bleiben. Das war billiger. Schließlich lag die ganze Wohnung mit ihnen voll. Anna hatte sie gesammelt. Sie liebte Illustrierte. Ich selbst hatte eigentlich nie etwas dafür übergehabt. Wozu die Zeit mit Illustrierten vergeuden, wenn man stattdessen ebenso gut Brettspiele machen konnte, dachte ich. Aber ich änderte meine Meinung recht schnell. Das ist schon immer so gewesen.

Ich fing erst nach drei Monaten wieder an, Anna zu vermissen. Nach einer Zeit, in der ich sehr viel gelesen hatte. Ich hatte fast jede Zeitschrift gelesen. Sämtliche Jahrgänge der *Brigitte* seit 1978. In den älteren Ausgaben war weiter hinten noch eine kleine Maus versteckt. Das fand ich eine Zeit lang sehr amüsant. Irgendwann hörte aber auch das wieder auf, und ich fing an, mich mehr und mehr zu langweilen. Die Einsamkeit fing an, mich zu zerquetschen, und ich beschloss, mal wieder rauszugehen.
Draußen war es mittlerweile warm geworden. Es war fast schon Sommer. Die Leute hatten wenig an, und ich fiel etwas auf in meiner Daunenjacke. Ich zog sie aus und brachte sie zurück nach Hause, um dann noch einmal, diesmal nur in einem T-Shirt und kurzen Hosen, loszugehen. Unterwegs kaufte ich bei einem italienischen Mann Eis, das er angeblich selber machte. Das Eis schmeckte nicht schlecht. Doch nach einiger Zeit fing es an zu tropfen, und ich schmiss es in einen Teich mit schwimmenden Vögeln. Sie fingen an zu schnattern und hackten nach der Waffel. Ich musste lachen, aber Spaß empfand ich nicht wirklich dabei. Ich lachte nur so.
Als es zu dunkel wurde zum Draußensein, ging ich wieder rein. Ich setzte mich in die Küche und dachte lange nach. Sehr lange. Dabei betrachtete ich das Kleid, das noch immer über der Lehne des Küchenstuhls hing.

Annas Kleid passte mir besser, als ich gedacht hatte. Sogar der Reißverschluss ließ sich schließen. Herr Dobermann von nebenan half mir dabei. Er zog anfangs zwar skeptisch die Augenbrauen nach oben, kam meiner Bitte aber dann doch nach. Er sagte, ich bräuchte Hilfe. Ich nickte und ging zurück in meine Wohnung.

Anna hatte fast alle ihre Schminksachen dagelassen. Sie lagen noch immer unter dem Waschbecken. Ich hatte mich noch nie geschminkt, und es war nicht so einfach, wie es aussah. Ich brauchte einige Zeit. Musste immer wieder das Make-up abwischen, um es neu aufzutragen. Meine Haut fing an sich zu röten, begann zu jucken. Aber schließlich war ich mit dem Ergebnis doch recht zufrieden und vergaß darüber den Juckreiz. Ich sah Anna sogar etwas ähnlich. Sicher, so perfekt wie sie hatte ich es nicht hinbekommen, aber es konnte sich sehen lassen.

Dann begann ich mir die Haare zu schneiden. Sie waren mit der Zeit sehr lang geworden. Ich hatte sie einfach vergessen. Hatte lange nicht mehr in den Spiegel gesehen. Jetzt war ich froh darüber. Sie hatten mittlerweile fast die Länge von Annas Haaren bekommen. Nur der Pony musste etwas gerade geschnitten werden. Kurz musste ich kichern bei dem Wort Pony und schnitt etwas zu viel ab. Aber es war nicht so schlimm.

Als ich fertig war, betrachtete ich mich im Spiegel. Ich konnte mich nicht von Anna unterscheiden. Ich fing an, mit mir zu reden. Und es tat gut, mal wieder zu reden. Richtig zu reden. Ich sagte Anna, dass ich mich einsam fühlte, und sie sagte dasselbe. Dann schwiegen wir wieder.

Annas Mutter freute sich sehr, als ich sie besuchte. Anna, schrie sie immer wieder, Anna. Wir saßen im Wohnzimmer.

Wir saßen ganz dicht beieinander. Annas Mutter umarmte mich immer wieder. Drückte mir Küsse auf die Wangen, und ich begann mir Sorgen zu machen um das mühsam aufgetragene Make-up. Ich war froh, als sie endlich von mir abließ und wir nur noch redeten. Wir sprachen über ihre künstlichen Hüftgelenke und aßen Mandelgebäck. Irgendwann ein bisschen später zog sie ihre Strumpfhose runter und zeigte mir die Narben. Ich wurde rot unter dem Make-up, aber ich glaube, sie hat es nicht bemerkt. Sie zog sich wieder an und zeigte mir mein altes Zimmer. Es wäre noch genauso wie damals, als ich ausgezogen war. Zu diesem, na, wie hieß der noch. Ich sagte meinen Namen und nahm eins der Plüschtiere von Annas Bett. Es roch alt, als ich es vorsichtig an mein Gesicht presste.

Ich blieb bei meiner Mutter. Ich kümmere mich um sie. Sie ist schon sehr alt. Ihre Hüfte macht ihr nach wie vor zu schaffen. Ich gehe für sie einkaufen und koche. Den Haushalt will sie aber weiterhin selber machen. Sie lässt sich einfach nicht dabei helfen. Sie sagt, das wäre ja noch schöner, die eigene Tochter und putzen. Ich lasse sie.
Meine Mutter ist wie eine Freundin für mich. Wir haben ein gutes Verhältnis. Ich werde es nicht zulassen, dass sich jemand zwischen uns drängt. Wenn es draußen an der Tür klingelt, sage ich, dass sie ruhig sein soll. Damit die Männer von der GEZ uns nicht finden. Ich lege eine Decke über meine Mutter. Presse ein Kissen auf ihr Gesicht. Und sie hält den Atem an. Sie hält ihn sehr, sehr lange an.

Ich sehe alt aus im Spiegel. Ich habe mir Narben auf die Hüften gemalt. Ich humpel durch die Wohnung. Erst bin ich im Flur. Dann in der Küche. Ihr Kleid hängt dort über der Lehne des Küchenstuhls. Es glänzt an manchen Tagen, wenn die Sonne scheint.

Bar

Die Wohnung war leer. Maria war mit dem Kind fortgefahren. Ich wusste nicht genau, wohin. Irgendein Verwandter oder eine Verwandte. Vater oder Mutter. Ich wusste nur, dass sie eine Weile fort sein würde. Ein paar Tage oder auch mehr.

Es war angenehm, allein in der Wohnung zu sein. Mir wurden keine Fragen gestellt. Ich konnte so sein, wie ich wirklich war.

Ich nahm mir Bier aus dem Kühlschrank und setzte mich in Unterhosen ins Wohnzimmer. Ich sah mir Filme an und trank, bis es hell wurde. Gegen halb acht rief ich bei der Arbeit an, um mich krankzumelden. Auch dort wurden mir keine Fragen gestellt. Die Sekretärin wünschte mir gute Besserung und schien nicht bemerkt zu haben, dass ich betrunken war. Ich bedankte mich und legte auf. Anschließend ging ich schlafen.

Als ich wach wurde, war es draußen schon wieder dunkel. Der Digitalwecker leuchtete im Schlafzimmer. Es war kurz nach sechs.

Ich hatte Kopfschmerzen und nahm weiße Tabletten aus dem Alibert im Bad. Schluckte sie mit Leitungswasser. Dann schob ich den Fernseher auf dem Fernsehwagen ins Schlafzimmer. Aß belegte Brote im Bett, während ich mir Vorabendserien ansah.

Die Kopfschmerzen ließen mit der Zeit nach. Ich fing an, mich besser zu fühlen. Als das Abendprogramm begann, duschte ich und verließ das Haus.

Es war ein Donnerstag. Maria war seit drei Tagen fort. Oder waren es jetzt schon vier. Ich wusste es nicht. Ich wusste nur, dass sie heute nicht wiederkommen würde. Oder besser, ich ahnte es. Und es war gut so. Sie sollte mich so nicht sehen, in diesem Zustand. Man sah mir an, dass ich getrunken hatte. Meine Haut war im Gesicht gerötet. Ich hatte dunkle Ringe unter den Augen bekommen. Alles nicht sonderlich schlimm, aber ihr wäre es aufgefallen. Sie hätte mir Fragen gestellt. Ich hätte mich herausreden müssen. Außerdem war da noch das Kind. Es war besser, dass ich alleine war.

Ich ging eine Weile durch das Viertel. Streifte umher, wie man so schön sagt. Dann ging ich in eine Bar. Ich kannte den Besitzer. Wir tranken Bier. Um Mitternacht gab es Sekt, weil wer Geburtstag hatte. Ab da dann nur noch Schnaps.
Es ging mir gut. Ich unterhielt mich. Mir wurde weiterer Schnaps hingestellt. Ich musste nichts bezahlen dafür. Und ich trank. Und trank. Und trank.

Ich fühlte mich gar nicht so betrunken, wie ich es sein musste. Ich merkte es erst, als ich wieder zu Hause war und im Bett lag. Es drehte sich. Die Welt drehte sich. Ich musste mich erbrechen.

Es roch säuerlich im Zimmer, als ich aufwachte. Ich fühlte mich ein bisschen furchtbar. Es war halb drei. Ich konnte nicht mehr schlafen. Ich rief wieder bei meiner Arbeit an und log etwas von einem Arzttermin, der länger als erwartet

gedauert hätte. Murmelte etwas von Grippe, eine seltene Form davon. Am Apparat war die Frau von gestern. Sie wünschte mir gute Besserung. Ich sagte, Montag wäre ich wieder da, auf alle Fälle. Dann legte ich auf.
Ich öffnete das Fenster im Schlafzimmer und schmiss den voll gekotzten Bettvorleger weg. Er stank fürchterlich. Ich würde mir eine Erklärung für Maria einfallen lassen müssen. Sie würde fragen, wo der Bettvorleger wäre. Ich überlegte kurz, einen Hund zu kaufen, um sagen zu können, dass der Hund den Bettvorleger voll geschissen hätte. Ich verwarf diese Idee dann aber wieder. Ich wusste, dass Maria keine Hunde mochte. Und sie wusste, dass ich das wusste. Außerdem war da noch das Kind, und das interessierte sich nicht für Tiere. Ich musste mir etwas anderes einfallen lassen. Etwas, das sie glauben konnte. Noch hatte ich ja Zeit. Sie würde heute schon nicht wiederkommen. Schließlich war Freitag. Da fuhr man nicht nach Hause.
Im Bad steckte ich mir den Finger in den Hals und erbrach durchsichtige Flüssigkeit. Ich fühlte mich nicht wirklich besser danach. Die Übelkeit hielt weiter an.
Ich nahm wieder ein paar von den weißen Tabletten aus dem Alibert. Mehr als gestern. Kochte starken Kaffee und legte mich damit wieder ins Bett.
Ich sah eine Weile Nachmittagsserien, bis ich um halb fünf noch einmal einschlief. Danach war die Übelkeit verschwunden. Ich war erleichtert. Trotz der Kopfschmerzen, die ich merkte, wenn ich mich etwas bewegte. Aber im Liegen ging es ganz gut.

Ich hatte eigentlich nicht vorgehabt, wieder auszugehen. Eigentlich wollte ich fernsehen und Brote essen. Aber das Programm war ziemlich schlecht. Ich hatte dabei zwei Bier getrunken, die noch im Kühlschrank waren. Ich hatte sie nicht getrunken, weil ich Bier trinken wollte, sondern mehr als Medizin. Gegen die Kopfschmerzen. Ich hatte davon gehört, dass das helfen sollte. Es half. Ich fühlte mich wirklich besser.

Doch dann war das Bier alle, und ich dachte, eins sollte ich besser noch trinken. Nur um sicherzugehen, dass die Kopfschmerzen auch wirklich nicht wiederkamen. Ich ging also raus und wieder in die Bar.

Ich kannte viele Leute noch von gestern. Sie sahen aus wie gestern. Das Trinken schien ihnen, im Gegensatz zu mir, nichts ausgemacht zu haben. Es gab ein großes Hallo, und eins kam zum anderen.

Wir tranken alle mehr, als wir sollten, aber ich glaube, ich war sogar noch betrunkener als den Tag zuvor. Vielleicht war das auch noch der Restalkohol, ich konnte jedenfalls kaum noch stehen. Gehen ging eigentlich überhaupt nicht mehr.

Eine junge Frau bot sich an, mich nach Hause zu bringen. Sie war sehr nett. Ich gab ihr meine Haustürschlüssel und stützte mich auf ihre Schultern. Es war ja nicht so weit zu mir.

Bis wir die Treppen nach oben in meine Wohnung geschafft hatten, dauerte es eine Weile. Mir fiel auf, dass die Frau auch ziemlich betrunken war. Zeitweise wusste ich nicht, ob sie mich oder ich sie stützte. Aber irgendwie schafften wir es.

Sie schloss die Tür auf. Dann wankten wir ins Schlafzimmer, und ich ließ mich aufs Bett fallen. Ich merkte noch, wie sie mir die Stiefel auszog, dann merkte ich überhaupt nichts mehr.

Am nächsten Tag roch es nach Kaffee in der Wohnung. Ein angenehmer Geruch. Ich schlug die Augen auf. Daran, dass es draußen schon wieder dämmerte, hatte ich mich bereits gewöhnt.
Ich war froh, dass Samstag war und ich nicht wieder auf der Arbeit anrufen musste. Ich konnte einfach liegen bleiben. Alles war ganz normal. Gestern war Freitag gewesen, da ging man aus und betrank sich. Alle taten das.
Für einen kurzen Moment dachte ich, dass Maria in der Schlafzimmertür stehen würde. Sie lächelte. Hatte zwei Becher mit Kaffee in den Händen, mit denen sie sich zu mir auf die Bettkante setzte. Sie küsste mich, und jetzt erinnerte ich mich. Es war die Frau aus der vergangenen Nacht.
Ich wusste, dass wir nicht mehr miteinander geschlafen hatten. Wissen ist zu viel gesagt. Aber ich hatte meine Sachen noch an. Wir schliefen miteinander, als ich den Kaffee ausgetrunken hatte. Der Kaffee war sehr gut.

Nachdem ich mir die Zähne geputzt hatte, hörte ich mir die Nachricht von Maria auf dem Anrufbeantworter an. Sie sagte, sie würde Mitte nächster Woche wiederkommen. Ich solle mir keine Sorgen machen. Sie hoffe, dass ich allein zurechtkäme. Sie klang freundlich. Fragen stellte sie nicht.

Abends ging ich mit der Frau, die Ursula hieß und ursprünglich aus dem Ruhrgebiet kam, ins Kino. Wir sahen eine Komödie aus Dänemark und lachten. Dann gingen wir flüchtig essen. Danach ausgiebig trinken.
In der Bar wurden wir mit breitem Grinsen empfangen. Mir wurde auf die Schultern geklopft und Schnaps spendiert.
Ich freute mich.
Ursula legte den Arm um mich.

Um Mitternacht kam dann kurz ihr Verlobter vorbei und schlug mir zwei Zähne aus. Aber ich hatte Glück. Meine Nase war nur angebrochen. Die Blutung stoppte relativ schnell. Bis auf die Zähne sah man fast nichts.
Der Besitzer der Bar erteilte Ursulas Verlobtem Hausverbot.
Und Ursula lachte.
Ich musste an diesem Abend nichts bezahlen. Alle Getränke waren aufs Haus. Als Wiedergutmachung, sagte der Wirt, mein Freund.
Ich trank, so viel ich konnte. Ich fühlte mich gut, Ursula war blond. Wir waren die letzten Gäste. Sie schob mir ihre Zunge in den Mund, so weit es ging, dann machten wir uns auf den Weg zu mir. Ich konnte diesmal alleine gehen. Und Ursula auch. Ihr war nur schlecht. Wir hielten kurz an einem Vorgarten. Das Miteinanderschlafen verschoben wir auf den nächsten Tag. Ich war sehr froh darüber.

Als ich aufwachte, war Ursula schon nackt und saß auf mir. Sie hatte auch mich ausgezogen. Anschließend ging ich duschen.

Ich betrachtete mein Gesicht im Spiegel. Die Nase war etwas geschwollen, aber sonst fiel es kaum auf. Sorgen machten mir nur die beiden fehlenden Zähne. Es waren die beiden vorderen. Beim Sprechen sah man es nur zu deutlich. Ich musste mir etwas einfallen lassen, bevor Maria wiederkam.

Ich sah mir zusammen mit Ursula einen Tierfilm an. Sie hielt meine Hand dabei und lächelte. Sie schien sich wohl zu fühlen in meiner Nähe, ich fühlte mich ziemlich beschissen. Ich spürte den Alkohol in meinem Körper, durchmengt mit meinem Blut.

Abends gingen wir auf den Geburtstag einer Freundin von Ursula und tranken Sekt. Wir waren die einzigen Gäste und spielten Karten mit der Gastgeberin. Ursula stellte mich als ihren neuen Verlobten vor. Ich sagte nichts. Ich nahm mir vor, ihr am nächsten Tag von Maria und dem Kind zu erzählen.

Wir waren relativ früh wieder zu Hause. Es war noch dunkel draußen. Die Freundin musste am nächsten Tag arbeiten, und mir fiel ein, dass auch ich eigentlich wieder arbeiten gehen musste.

Der Wecker klingelte um sieben. Ich fühlte mich schlecht. Irgendwie schaffte ich es bis in die S-Bahn, aber ich stieg zwei Stationen zu früh aus. Ich wollte noch etwas frische Luft einatmen. Vielleicht würde das helfen.
Aber es half nichts. Kurz vor meiner Firma entdeckte ich ei-

nen Allgemeinmediziner. Er schrieb mich bis Freitag krank. Ich bemerkte nur allzu deutlich, dass er meine Fahne roch. Aber er sagte nichts. Nach einer kurzen Untersuchung unterschrieb er mir den Krankenschein, und ich konnte wieder gehen.

Ich schlief noch bis zum Nachmittag und fühlte mich relativ frisch danach. Es war lange her, dass ich mich so munter gefühlt hatte. Ich machte einen Scherz, und Ursula lachte. Wir beschlossen, Pizza zu bestellen. Dann sahen wir fern und warteten.

Auf Ursulas Pizza waren Ananasstücke und auf meiner Salami. Dazu tranken wir Orangensaft, der noch im Kühlschrank gewesen war. Anschließend räumten wir gemeinsam die Wohnung auf und brachten den Müll nach unten. Ursula fragte mich, wer das auf dem Bild sei. Ich sagte, Maria. Ursula sah mich an. Eine Kusine, log ich schnell. Ursula nickte und lächelte wieder. Nach dem Kinderspielzeug erkundigte sie sich nicht.

Es war noch leer in der Bar, als wir um halb sieben dort auftauchten. Wir taten zuerst so, als würden wir Kaffee trinken. Dazu bestellten wir Cognac. Dann ließen wir den Kaffee weg.
Ursula blätterte in Zeitschriften, und ich sah aus dem Fenster. Der Besitzer der Bar war nicht da. Die Bedienung kannten wir nicht.

Um halb zehn kamen die ersten Freunde von uns. Sie fragten, wo wir gestern gewesen wären. Ich sagte etwas von mal einen Tag Pause machen mit dem Trinken, und sie nickten verlegen.

Ich war wohl schon etwas beschwipst. Jedenfalls hatte ich gute Laune und bestellte allen Bier und Schnaps. Später hatten wir dann alle gute Laune, und jeder tanzte einmal mit Ursula.

Mir fiel auf, dass Ursula noch mehr trank als sonst. Sie bekam Schwierigkeiten mit dem Sprechen und ließ es irgendwann nach Mitternacht ganz sein. Sie schlief, und ich war froh darüber. Überlegte kurz, mich einfach nach Hause zu schleichen. Aber ich war noch gar nicht so richtig betrunken und musste daran denken, dass man auf einem Bein nicht stehen kann. Ich bestellte noch eine Runde für alle, und wir gaben uns Mühe, leise zu sein beim Trinken, um Ursula nicht zu wecken.

Als ich gehen wollte, deutete die Bedienung auf Ursula und fragte, was mit der sei. Mir fiel keine Ausrede ein, also legte ich sie mir über die Schulter und ging mit ihr nach Haus.

Ursula war nicht ansprechbar am nächsten Morgen. Sie war sauer und noch ziemlich betrunken. Ich hatte sie zum Schlafen in die Badewanne gelegt. Sie hatte in die Hose gemacht. Ich schlug ihr vor, zu ihr zu gehen, um saubere Sachen zu holen. Aber sie sagte beleidigt, dass das schlecht gehen würde. Sie hätte mit ihrem Verlobten zusammengewohnt, und da könnte sie jetzt ja wohl nicht mehr hin zurück.

Ich sah sie resigniert an und dachte daran, dass Maria morgen wiederkommen würde. Ich musste mir etwas einfallen lassen. Ich hatte ihr einige Dinge zu erklären.

Marias Sachen waren Ursula etwas zu eng. Ursula war dicker als Maria. Aber fürs Erste würde es gehen. Sie trug Marias roten Pullover und den dunklen Faltenrock. Ich wusch Ursulas Sachen mit der Hand und hängte sie in das Zimmer von dem Kind. Dann sah ich zusammen mit Ursula fern. Nichts Bestimmtes. Wir schalteten hin und her.
Als es dunkel wurde, schlug Ursula vor, tanzen zu gehen. Ich hatte eigentlich vorgehabt, zu Hause zu bleiben, war aber dann auch wiederum froh, die Wohnung mit ihr verlassen zu können.

Tanzen sind wir dann doch nicht gegangen. Wir mussten an der Bar vorbei. Wir wollten sowieso vorher noch etwas trinken gehen, um in Stimmung zu kommen. Und warum sollten wir nicht dort etwas trinken.
Als wir da waren, stellte sich heraus, dass dort eine Hochzeit gefeiert wurde. Wir waren als Stammgäste automatisch mit eingeladen. So waren die Sitten dort. Es gab eine kleine Band. Eigentlich nur ein Mann mit einem Keyboard, der Evergreens spielte. Wir tanzten die ganze Nacht und wurden zum Paar des Abends gewählt. Ich konnte Ursula jetzt unmöglich die Wahrheit erzählen, von Maria und dem Kind. Aber ich fing an, mir ernsthaft Sorgen zu machen. Deshalb betrank ich mich. Doch es fiel nicht weiter auf. Alle waren betrunken, die Atmosphäre war gut und ausgelassen.

Ursula erzählte mir zu Hause, dass sie mal was mit dem Bräutigam gehabt hätte. Ob das schlimm wäre. Ich schüttelte den Kopf. Mir war es wirklich egal. Von mir aus hätte sie ihn heiraten können. Aber das tat sie nicht, und ich überlegte angestrengt, wie ich sie wieder loswerden könnte. Morgen war Mittwoch.

Maria kam am späten Abend. Das Kind sah anders aus, als ich es in Erinnerung gehabt hatte. Beide freuten sich über die Katze, die ich Schischi genannt hatte. Maria lachte, als ich ihr die Geschichte mit dem Bettvorleger erzählte. Bei der Geschichte mit meinem Treppensturz hörte sie mir erschrocken zu. Danach nahm sie mich in die Arme und meinte, dass sie froh wäre, dass mir nicht mehr passiert war. Zwei fehlende Zähne wären besser als ein gebrochenes Genick. Ich nickte ernst.
Nur über die neue Haushälterin war sie nicht sonderlich erfreut. Obwohl sie zugeben musste, dass alles sehr schön ordentlich war. Aber sie bemerkte Ursulas Fahne und feuerte sie nach ein paar Tagen. Ich war froh darüber. Ursula sah ich nicht wieder. Ich nehme an, dass sie mich hasst. Aber das ist nicht mein Problem.

Ich gab das Trinken auf. Für eine Weile jedenfalls. Ich musste nicht immer trinken. Es war wie mit einem Tier in mir. Es schlief oft. Und manchmal schlief es lange. Wie ein Winterschlaf. Es wachte nur auf, wenn wir alleine waren. Wenn wir ganz alleine waren. Maria mit dem Kind irgendwo war, wo ich nicht war. Doch wenn es erwachte, hatte es Hunger.

Großen Hunger. Es musste gefüttert werden. Ich musste es tun. Sonst hätte es mich aufgefressen.

beineabschneiden

Sie schneidet allem und jedem die Beine ab. Auch mir wollte sie die Beine abschneiden. Nachts im Schlaf. Aber ich bin wach geworden, als sie mit dem Messer in mein Fleisch geschnitten hat.

Ich habe mit ihr geredet. Ich konnte sie davon überzeugen, dass es besser ist, wenn ich meine Beine behalte. Auch wegen der Dinge im Haushalt und dem Einkaufen. Es würde Probleme geben ohne meine Beine, sie müsste ihre Arbeit aufgeben. Das hat sie eingesehen. Seitdem schlafe ich nachts besser. Ich weiß, dass sie es nicht wieder versuchen wird. Trotzdem mache ich mir Sorgen um sie. Man kann nicht jedem und allem die Beine abschneiden wollen.

Ich habe dicke Bücher gelesen über Psychologie und Medizin. Doch ich konnte nichts darin finden. Nichts, was ihr helfen könnte. Zum Arzt will sie nicht gehen. Wieso, sagt sie immer, sie hätte doch gar nichts. Es wäre nur manchmal so ein Unwohlsein, wenn sich die Dinge so schnell an ihr vorbeibewegen, dass sie sie kaum sehen kann. Dass sie nicht anders kann, als etwas dagegen zu tun. Ihnen die Beine zu nehmen, damit es aufhört. Die Welt langsamer zu werden beginnt, sich langsamer zu drehen scheint.

Wir hatten auch mal eine Katze. Sie ist verblutet. Eine traurige Geschichte. Das war an ihrem Geburtstag. Ich dachte, es würde ihr Freude machen. Ein kleines Kätzchen, das ich Kitty genannt hatte. Ich hatte ein Messingschild geschnitzt, auf dem der Name der Katze stand und auf dem ich aufrichtig meine Liebe beteuerte. Ein rotes Herz, darin ihr Name und meiner. *Hasi + Mausi = Big Love.*

Doch dann fing die Katze an, durch die Wohnung zu laufen, und ich konnte Mausi in der Küche an den Schubladen mit den Messern hören. Wenig später stand sie wieder im Wohnzimmer. Sie legte die kleinen Fellbeinchen auf ihren Gabentisch und lächelte. So, sagte sie, jetzt machen wir uns das erst mal gemütlich.

Ich wusste nicht, was ich sagen sollte. Sie hatte schließlich Geburtstag. Also ging ich in die Küche und kochte Kaffee. Die Katze tat mir Leid. Sie lag auf dem Holzfußboden in ihrem Blut, ohne Beine, und wimmerte. Aber sie gehörte ihr. Sie trug die Verantwortung für sie, und ich konnte nichts weiter tun.

Am Abend kamen ihre Eltern zum Abendbrot. Ihr Vater saß im Rollstuhl. Es gab Rouladen. Mausi lachte und zeigte ihrer Mutter das Messingschild, das ich geschnitzt hatte. Sie sah mich warm an. Ich wurde rot und spürte die Hand ihrer Mutter in meinem Haar. Der Vater sah aus dem Fenster. Eine Pause entstand.

Ich war froh, als ich wieder über Fußball reden konnte. Ich sagte, Werder. Ihr Vater sagte, Borussia. Die Frauen machten Dinge mit Wasser in der Küche.

Als meine Schwiegereltern wieder gefahren waren, saßen wir noch eine Weile schweigend im Wohnzimmer. Starrten in die Flammen der einunddreißig Kerzen und sagten nichts. Wir dachten nach stattdessen. Was sie dachte, wusste ich nicht. Ich dachte kurz daran, sie zu verlassen. Mir machte ihr Zustand Angst. Dennoch liebte ich sie. Und ich blieb.

Sie war es dann, die mich verlassen hat. Nicht sehr viel später. Sie sagte, sie liebe mich nicht mehr. Ich sei so normal. Spießig. Sie ist mit einem anderen Mann zusammengezogen, den sie bei ihrer Arbeit kennen gelernt hat. Sie ist Aufseherin in einer Behindertenwerkstatt.
Ich bin mit der Trennung nicht gut zurechtgekommen. Zugegeben, ich habe es nie so recht verarbeiten können. Ich bin ganz schön depressiv geworden und musste mich in Behandlung begeben. In intensive Behandlung.

Ich lebe jetzt in einer betreuten Wohngruppe in Hammerbrook mit ganz vielen anderen Depressiven zusammen. Wir basteln Dinge aus Laub. Im Sommer pressen wir Blumen zwischen Buchseiten. Meine Depressionen werden dadurch nicht besser, aber ich denke weniger an sie, und mit der Zeit fange ich sogar an, sie zu vergessen. Irgendwann werde ich vielleicht wieder alleine leben können, meine Selbständigkeit zurückgewinnen. Aber bis dahin ist es noch ein Stück Arbeit, sagt mein Therapeut und legt mir seine graue Hand ins Gesicht. Sie ist kalt und verdunkelt meine Welt. Das, was ich sehe, ist schwarz. Das, was ich rieche, ist der Geruch der grünen Seife. Sie liegt in dem Seifenschälchen auf dem Waschbecken, das neben der Tür im Behandlungszimmer angebracht ist. Ich kann sie sehen, wenn ich komme. Ich kann sie sehen, wenn ich gehe.

bist du glücklich

Bist du glücklich?

Jedes Mal, wenn sie mich wieder fragt, scheine ich älter zu werden.

Ich schüttel den Kopf. Nein, sage ich. Ich bin nicht glücklich. Warum sollte ich.

Sie inhaliert Rauch und lässt ihn eine ganze Weile in ihren Lungen. Sie schweigt.

Oft werde ich in solchen Situationen unruhig. Ich kann Schweigen schwer aushalten. Gerade mit Frauen, gerade in solchen Momenten. Aber jetzt geht es. Mit ihr geht es.

Ich stecke mir ebenfalls eine Zigarette an. Rauche und sehe sie ab und zu an.

Wir liegen draußen auf einer Wiese. Unter uns ist eine rot und gelb karierte Wolldecke, die an meinen Händen kratzt. Es ist verhältnismäßig warm. Wir tragen kurze Sachen. Es ist Sonntag. Die Wiese ist voller Menschen. Kindergeschrei. Bunte Bälle fliegen durch die Luft.

Sie ist nicht meine Freundin und wird es auch nie sein. Es ist für mich unvorstellbar, sie zu lieben oder auch nur verliebt in sie zu sein. Und ich glaube, ihr geht es so ähnlich mit mir. Aber ich mag sie und verbringe gern Zeit mit ihr. Meistens sonntags, und meistens gehen wir dann zusammen in den Park.

Manchmal ist es schwer, einsam zu sein. Gerade sonntags. So hat es irgendwann angefangen. Seitdem treffen wir uns eigentlich jeden Sonntag. Um gemeinsam zu warten, dass die Woche wieder von vorne beginnt.

Ich mag die Sonntage mit ihr. Aber als Frau habe ich sie noch nie wahrgenommen. Obwohl sie sehr hübsch ist.

Bist *du* glücklich, frage ich sie, nachdem ich meine Zigarette im Gras ausgedrückt habe.
Sie sieht mich an, als hätte ich sie bei etwas sehr Wichtigem gestört. Sie sieht sogar ein bisschen böse aus. Du musst mich das nicht fragen, sagt sie. Du kennst die Antwort.
Ich nicke.
Ich lasse mich auf den Rücken fallen und sehe in den Himmel. Es sind weiße Wolken am Himmel. Aber auf dem Rücken kann ich sie nicht sehen. Der Teil vom Himmel, den ich sehe, ist blau. So blau wie in Reiseprospekten. Ein helles Blau.
Sie berührt mich an der Hand. Fasst sie an.
Wir halten uns häufiger an den Händen. Manchmal umarmen wir uns auch, und zur Begrüßung küssen wir uns auf die Wangen. Es ist nichts Besonderes dabei. Wir machen das immer so.
Es tut mir Leid, sagt sie. Ich wollte dich nicht anmachen. Aber du weißt ja, wie es ist.
Ja, sage ich in den Himmel und muss lächeln.
Sie beugt sich über mich. Ich sehe ihr Gesicht vor dem blauen Hintergrund. Es wäre ein schönes Foto.
Warum lächelst du, fragt sie.
Manchmal versuche ich mir vorzustellen, wie es wäre, mit ihr eine Beziehung zu haben, ihr meine Zunge in den Mund zu stecken, mit ihr zu schlafen. Das tue ich bei jeder Frau. Manchmal gelingt es, manchmal nicht. Bei ihr hat es noch nie funktioniert. Ich kann mir noch vorstellen, sie zu küssen, also ich meine, sie so richtig zu küssen. Aber ich kann mir nicht vorstellen, mit ihr zu schlafen. Die Vorstellung ist

abwegig. Warum, das weiß ich auch nicht. Aber ich kann sie mir noch nicht einmal nackt vorstellen. Es geht einfach nicht. Und doch fragen mich oft Freunde, ob wir ein Paar wären. Weil wir relativ viel Zeit miteinander verbringen. Und ich muss zugeben, für Außenstehende muss es auch manchmal so aussehen, als wären wir. Aber trotzdem, die Wirklichkeit sieht anders aus.
Nur so, entgegne ich und muss dabei immer noch lächeln.
Man lächelt doch nicht nur so, sagt sie. Und außerdem, du schon gar nicht.
Doch, ich schon.
Sie verschwindet vor dem Himmel. Es ist wieder nur noch blau vor meinen Augen. Es beginnt zu flimmern, je länger ich hinsehe. Ich schließe kurz die Augen. Doch das Flimmern hört nicht auf.
Wie spät ist es, frage ich sie und drehe mich auf den Bauch.
Du weißt doch, dass ich keine Uhr habe.
Aber du hast doch das Handy.
Das habe ich nicht mit, sagt sie.
Die Wiese ist leerer geworden. Die Flächen zwischen den Decken sind größer geworden. Es ist auch ruhiger. Es sind kaum noch Kinder da. Bälle gar nicht mehr.
Was machst du heute Abend, fragt sie mich.
Ich versuche mit den Schultern zu zucken. Ich weiß nicht, ob sie es sieht. Es ist schwer, mit den Schultern zu zucken, so wie ich gerade liege. Auf dem Bauch, auf die Unterarme gestützt.
Weiß nicht, sage ich. Und du.
Weiß auch nicht, sagt sie.

Aha, mache ich.

Ich zünde eine Zigarette an und stecke sie ihr zwischen die Lippen. Sie macht zwei Züge, gibt sie mir dann wieder zurück.

Ich möchte nicht, sagt sie.

Ich sage nichts. Rauche still an der Zigarette und genieße irgendwie den Augenblick. Mir geht auf, dass es ganz schön so ist, wie es gerade ist. Es ist warm. Ich bin draußen. Ich rauche. Ich bin nicht allein. Trotzdem ist das Lächeln von eben aus meinem Gesicht verschwunden. Obwohl es eigentlich jetzt dahin gehören würde. Vielleicht ist es aufgebraucht, denke ich kurz und lasse den Rauch aus meinen Nasenlöchern steigen.

Sie zieht sich ihre Sandalen an. Kleine, schwarze Sandalen mit Lederriemen an der Seite. Sie sehen sehr alt aus. Wie die meiner Großmutter.

Möchtest du gehen, frage ich.

Ach, weiß auch nicht, sagt sie. Ihre Stimme klingt dabei ganz hoch.

Bist du unzufrieden?

Sie macht eine kurze Pause, in der mir alles auf einmal sehr ruhig hier vorkommt. Wir scheinen die Einzigen auf der Wiese zu sein, auf der Welt. Selbst die Natur ist so still geworden. Die Bäume haben aufgehört zu rauschen, die Vögel zu singen.

Nein, eigentlich nicht, sagt sie.

Gut, sage ich.

Ich schnippe die Zigarette über die leere Wiese und ziehe mir meine Strümpfe und die schwarzen Lederschuhe an.

Stehe auf, klopfe mir Gras und Insekten von der kurzen Hose.
Dann lass uns los. Ich reiche ihr meine Hand.
Sie lächelt und zieht sich an mir hoch. Zieht sich den Rock zurecht, als sie steht. Zieht ihr Shirt gerade.
Wir schütteln die Decke aus. Jeder steht an einer Seite. Wir legen sie ordentlich zusammen.
Ecke auf Ecke, sagt sie und lächelt.
Ich nehme die Decke unter meinen Arm und suche im Gras nach Sachen, die wir vergessen haben könnten. Aber es ist nichts da, was uns gehört.
Wir gehen zur Bushaltestelle am Anfang des Parks.
Wollen wir noch ein Stück weitergehen, frage ich. Ein, zwei Stationen.
Nein, sagt sie. Ich habe keine Lust.
Wir setzen uns auf die Plastikbank in dem voll geschmierten Wartehäuschen und sehen schweigend den Autos zu, die an uns vorbeifahren. Viele sind es nicht. Es ist immer wieder ruhig dazwischen. So ruhig, dass ich sie atmen hören kann.
Ich rauche eine weitere Zigarette, ohne sie ihr diesmal anzubieten. Ich sehe dem Rauch zu und denke an das, was noch kommt.

Borneo

Das Letzte, an das ich mich erinnern kann, das sind Tränen. Ein Glitzern, das ihr aus dem Gesicht fällt. Man kann es auf den Boden tropfen hören. Die Kunstfasern saugen es auf. Es wird dunkler an der Stelle.
Dann wird es ganz dunkel.
Danach wird es wieder hell.
Mädchen in Baströcken cremen mir den Rücken ein. Es riecht nach Kokosnuss und Mango. Ein Geruch, den ich sonst nur von Weingummi her kenne. Die Mädchen sprechen nicht. Bunte Vögel sprechen. Eine Sprache, die nicht meine ist. Die man mir nie beigebracht hat. Dahinter ist das Meer. Es ist blau. Der Strand ist weiß. Wir singen spanische Lieder. Tanzen Merengue dazu.

Braune Pferde

Wir haben die braunen Pferde verkauft. Wir haben zuerst ihre dunklen, schwarzen Pferdeschwänze verkauft, und dann sie selbst. Wir haben ihre Schwänze an eine korrupte Firma, die Perücken herstellt, verkauft. Ich habe gesagt, das Haar wäre von meiner Frau. Weil es mehr Geld für das Haar von Menschen gibt als für das von Tieren.

Wir brauchen Geld für Kosmetik. Kosmetik, um jung zu bleiben. Was nützen einem Pferde, wenn man alt ist. Wir haben Cremes gekauft und uns damit die faltigen Körper eingeschmiert. Unsere Haut ist wieder glatt geworden. Wir hatten ein wenig Ruhe, bis uns das Geld dann wieder ausging. Viel war es ja auch nicht gewesen, und unsere Haut begann erneut, Falten zu werfen. Wir brauchten neues Geld für neue Cremes.

Wir hatten Mühe, die Pferde ohne die dazugehörigen Schwänze zu verkaufen. Daran hatten wir nicht gedacht. Die meisten der möglichen Käufer sagten, die Pferde wären ja schon gebraucht und kaputt. Was sollten wir sagen, sie hatten ja Recht. Anfangs versuchten wir noch, sie anzulügen. Aber was soll man da schon sagen, Pferde ohne Schwänze. Ich erzählte etwas von einer seltenen Züchtung aus Pakistan. Meine Frau versuchte den Käufern weiszumachen, dass die Pferde so schneller wären. Die meisten Rennpferde hätten keine Schwänze mehr. Wegen der Luft und der Haare, die das alles bremsen würden.

Die Leute, denen wir die Pferde zum Verkauf anboten, hatten alle Ahnung von Pferden, und sie glaubten uns nicht. Einer lachte nur und hielt uns ein bisschen Geld hin. Dafür würde er die Pferde nehmen, mehr wäre nicht drin. Ein

Pferd ohne Schwanz, das wäre ja wie ein Tisch ohne Beine, er lachte.
Wir lachten nicht. Wir nahmen das Geld. Es war etwas mehr als das, was uns der Abdecker angeboten hatte. Wir kauften uns für das Geld Faltencremes, also Antifaltencremes.

Später mussten wir dann auch noch den Swimmingpool verkaufen und den Rest darum, also das Haus. Das Geld reichte erst mal, und wir sahen für eine Weile wieder aus wie das blühende Leben. Doch irgendwann ist auch viel Geld verbraucht. Wir mussten wieder neues besorgen. Wir mussten wieder etwas verkaufen. Aber wir hatten fast nichts mehr. Wir hatten jetzt nur noch uns.
Ich machte es wie mit den braunen Pferden. Ich verkaufte anfangs nur ihr Haar. Ich verkaufte es an dieselbe Firma, die auch schon das Haar der Pferde genommen hatte. Etwas später verkaufte ich dann auch den Rest.
Die Nachfrage nach glatzköpfigen Frauen ist nicht besonders groß. Ich brauchte lange, um wenigstens einen geeigneten Käufer zu finden. Irgendwann meldete sich ein Nazi bei mir, der meine Frau heiraten wollte. Er gab mir Goldzähne für sie, für die ich einiges in einem Goldzahnanundverkaufsgeschäft bekam.
Ich sah wieder ziemlich jung aus. Jahre jünger, als ich eigentlich war. Doch ich war jetzt nicht nur obdachlos, ich war auch ganz schön allein. Hinzu kam, dass ich eigentlich auch nichts mehr zu verkaufen hatte. Nur noch mich.
Ich verkaufte meine Seele an den Teufel. Er gab mir dafür ewige Jugend. Ein gutes Geschäft.

Das Leben war zwar ziemlich langweilig ohne Seele, aber was machte das schon. Dafür war ich schön glatt und musste mir auch sonst keine Gedanken machen. Geld und Cremes brauchte ich nicht mehr. Ich war jetzt von Natur aus jung.
Ich freute mich und wünschte, meine Frau könnte mich noch einmal so sehen. Sehen, wie blendend ich aussah. Aber der Nazi ließ sie nicht raus und mich nicht rein. Geschäft ist Geschäft, sagte er, und ich wusste, dass er Recht hatte.
Ich unternahm keine weiteren Versuche mehr. Man kann nicht alles haben, dachte ich. Und ich fing an, es allmählich wirklich zu glauben.

Chihuahuas

Heute Nacht habe ich ihre verfickten Chihuahuas getötet. Ich weiß nicht, warum ich es getan habe. Es ist eine Vision gewesen. Etwas, das mir im Traum erschienen ist. Hundegeruch in den dunklen Ecken meines Kopfes. Fell, das mich kitzelte. Die Stimme einer Frau. Sie sagte mir, töte die Chihuahuas, töte die Chihuahuas. Sie hat nicht wieder aufgehört. Sie hat immer lauter geschrien. Ich bin wach geworden davon.

Im Zimmer ist es ruhig gewesen. Es hat nach Hund gerochen. Stärker noch als in meinem Kopf. Chihuahuageruch.
Ich habe meine abgekauten Puschen angezogen. Bin die Wendeltreppe nach unten geschlichen. Die Chihuahuas schlafen unten. Im Wohnzimmer. Ein Platz am Ofen in einem Korb aus Rattan. Sie heißen Pitz und Putz.
Was dann geschehen sein muss, ist in mir nur noch ziemlich schemenhaft vorhanden. Ich habe es verdrängt. Ich hätte keine Worte dafür gefunden. Nur so viel:
Es hatte mit scharfen Gegenständen aus dem Haushaltsbedarf zu tun.
Ihre Körper waren flauschig und warm.
Pitz hat noch kurz mit dem Schwanz gewedelt.
Putz nicht.
Ich habe sie im Garten vergraben. Es ging schnell. Sie waren nicht sehr groß. Anschließend bin ich wieder nach oben gegangen. Habe mich wieder ins Bett gelegt, und in meinem Kopf war es so, wie es sein sollte. Ich bin sofort eingeschlafen.

Am Morgen danach passierte erst mal nichts. Sie war schon unten. Ich konnte Nahrung riechen. Wir frühstückten zusammen. Sie las in einem Frauenmagazin. Ich legte graues Frühstücksfleisch auf schwarzes Brot. Wir schwiegen. Anschließend wuschen wir gemeinsam ab. Sie fragte dabei, wo Pitz und Putz wären. Im Garten, antwortete ich und legte die Messer in die Besteckschublade. Wir hatten Blumen darauf geklebt. Sie nickte.

Am Nachmittag stand sie auf der Terrasse. Sie rief nach Pitz und Putz. Ich stand im Trainingsanzug hinter ihr und sagte, Fußball. Sie küsste mich auf die Wange. Und ich verschwand.

Ich blieb auf dem Fußballplatz. Ich konnte nicht mehr zu ihr zurückkehren. Es hätte Ärger gegeben. Sie hätte bestimmt Schluss gemacht. Obwohl es nicht strafbar war, Tiere zu töten. Tiere waren Tiere. Tiere waren keine Menschen. Menschen zu töten war strafbar. Sehr sogar. Das hatte ich nachgelesen.
Ich nahm eine Stelle als Gerätewart beim Fußballverein 1. FC Vorwärts Vordererenen an. Ich lebte in einer kleinen Hütte gleich neben dem Spielfeld. Alle zwei Wochen wurde es laut. Ansonsten war es ruhig. Ich hatte Zeit zum Nachdenken.
Ich schlief auf acht aneinander gebundenen Medizinbällen. Ich atmete Luft aus der Ballpumpe. Sterne konnte ich nicht sehen. Es gab keine Fenster im Geräteschuppen. Aber es war schön ruhig hier. So schön ruhig. Es gab keine Tiere. Es gab

keine Visionen mehr. Alles, was es gab, war die Luft, die ich in die Bälle pumpte. Schön stramm. Ich vergaß, was gewesen war. Ich tötete nie wieder ein Lebewesen. Ich lebte im Einklang mit der Natur. Der Zustand erfüllte mich. Ich hätte mir mein Leben nicht mehr anders vorstellen können.
Etwas später veröffentlichte ich ein Buch. Ich hatte meine Erfahrung niedergeschrieben. Es hieß *Ich im Einklang mit der Natur*. Es handelte von mir und der Natur. Ich ließ nichts aus. Es fing mit der Schulzeit an und endete damit, wie ich das Buch schrieb. Alles wurde gesagt. Auch über die Sache mit den Chihuahuas sprach ich. Es war das erste Mal, dass ich die Wahrheit sagte.

Ich traf sie Jahre später wieder. Es war bei einer meiner Lesungen. In einem homöopathischen Lebensberatungs-, Steine- und Gemüseladen. Sie saß in der ersten Reihe. Sie trug ihre Haare jetzt anders. Hinten länger. Vorne rot.
Wir sprachen nach meinem Auftritt miteinander. Sie erzählte, dass sie eine ganze Weile gebraucht hätte, um darüber hinwegzukommen. Aber mittlerweile hätte sie mir verziehen. Sie hätte das Buch gelesen, sogar gerne. Einiges wäre ihr jetzt dadurch klarer geworden. Es würde sogar Momente geben, in denen sie mich verstehen könnte.
Wir gingen anschließend noch essen. Ein ayurvedisches Restaurant, in dem man nicht wusste, was man aß. Es war meine Idee. Ich ging gerne dort essen. Ich liebte Überraschungen.
Wir redeten sehr lange. Die Stühle standen schon oben. Es war weit nach zwei. Einer der Kellner, oder wars eine Kell-

nerin, machte uns auf eine sehr freundliche Art darauf aufmerksam, dass sie jetzt schließen würden. Ich zahlte. Wir gingen. Und das wars.

Hätte ich mir diese Geschichten ausdenken können, wir wären an diesem Abend noch zu ihr gegangen. Wir hätten schmutzige Liebe gemacht, und am nächsten Tag wäre ich wieder bei ihr eingezogen. Aber die Wirklichkeit sah leider anders aus.
Sie war seit längerem schon wieder in festen Händen. Sie wäre sehr glücklich, sagte sie. Sie zeigte mir ein Foto von ihrem neuen Lebensgefährten. Er sah so gut aus, dass ich für einen Moment rot wurde. Ich sah dagegen aus wie Günter Netzer. Ich schwieg. Versuchte nicht, sie zurückzugewinnen. Ich wusste, dass meine Bemühungen keinen Erfolg gehabt hätten.

Kurz darauf begannen die Depressionen. Mein Leben fing an, aus dem Ruder zu laufen. Ich hatte das Gefühl, dem nur tatenlos zusehen zu können. Meine Versuche, dagegen anzugehen, waren nicht von Erfolg gekrönt. Ich schrieb ein weiteres Buch. *Ich im Einklang mit der Depression*. Es handelte von mir und meiner Depression. Aber es konnte nicht an den Erfolg meines Erstlings anknüpfen. Die Menschen hatten aufgehört, sich für Depressionen zu interessieren. An manchen Tagen dachte ich, ich wäre der Einzige, den Depression noch was angehen würde. Ein Gefühl, das meine Einsamkeit und die damit verbundene Melancholie nicht gerade verbesserte.

Ich fing an zu verwahrlosen. Meine Umwelt hörte auf, mich zu interessieren. Selbst meiner Arbeit als Gerätewart kam ich nur noch äußerst schlampig nach. Die Bälle waren oft schlaff. Begannen so auszusehen, wie ich mich fühlte. Alt und schlapp. Sie sprangen kaum noch.

Kurze Zeit darauf warf man mich raus. Ich stand auf der Straße. Das Honorar für die Bücher war längst aufgebraucht. Halbherzig arbeitete ich noch eine Weile an einem neuen Manuskript. *Ich im Einklang mit dem Alkohol.* Aber ich brachte keine rechte Energie mehr dafür auf.
Als der Winter kam, ging es mit mir zu Ende.

Man fand mich in einem Teich mit Enten. Er lag etwas außerhalb der Ortschaft. Anfang Frühling war ich wieder an der Wasseroberfläche aufgetaucht.
Es war mein letzter Versuch gewesen. Ich hatte versucht, mir Nahrung zu besorgen. Ich konnte die Fische silbern unter der Eisdecke sehen. Enten gab es keine. Ich war auf der Teichdecke bis zur Mitte gegangen. Dort gab es die meisten Tiere. Ich hatte ein Loch in den Teich gekratzt. Hatte meine Hand hineingesteckt. Versucht, Fische zu ergattern.
Doch das Eis war weggebrochen. Ich war eingebrochen. Das kalte Wasser kam. Ließ mich erstarren. Alles war eingefroren. Ich starrte in die blattlosen Bäume am Ufer, während ich langsam unterging.

Das eine Mädchen

Sie war das eine Mädchen. Sie stellte sich nicht vor. Sie war einfach auf einmal da. Sie hatte rote Haare, die im Laufe unserer gemeinsamen Zeit dunkler wurden und am Ende mehr braun als rot waren. Dazu trug sie weite T-Shirts, auf denen Englisches stand. Sailor. Major. Lovely. Weder sie noch ich wussten, was die Wörter zu bedeuten hatten. Als ich sie einmal danach fragte, sagte sie nur, sie trage die Sachen der Farben wegen. Nur die Farben wären ihr wichtig, nicht die Wörter. Sie sagte, sie würde sie auch tragen, stände irgendetwas darauf. Krieg oder Verderben oder einfach nur Phantasienamen. Zum Beispiel Ombaomba oder so etwas. Das wäre ihr alles egal. Nur die Farbe zähle.

Die Farben ihrer T-Shirts zu benennen war nicht gerade einfach. Sicher, es gibt da Bezeichnungen wie beige, ocker oder umbra, aber ich hatte immer das Gefühl, dass diese Bezeichnungen nur unzureichend die Brauntöne beschrieben, die sie trug. Vielleicht hätten wir uns dafür Phantasienamen einfallen lassen müssen. Vielleicht wieder Ombaomba oder Bamama. Aber es bestand dafür ja eigentlich keine Notwendigkeit. Wir redeten nicht darüber. Und in Gegenwart von anderen sprach ich nicht von ihr. Ich verschwieg sie einfach. Wie gesagt, sie war das eine Mädchen, und ich wollte sie mit niemandem teilen.

Seitdem sie da war, verbrachten wir viel Zeit miteinander. Doch wir waren kein Paar, jedenfalls kein Liebespaar. Wir haben auch nie miteinander geschlafen oder uns sonst in irgendeiner Weise intim berührt, wenn man das so sagt. Aber ich habe sie einmal nackt gesehen. Weil es nicht anders ging. Das war beim Schwimmen, am Strand. Das war etwas

anderes. Und ich muss sagen, dass ich ziemlich enttäuscht war und im Nachhinein sehr froh darüber bin, sie nie wieder so gesehen haben zu müssen. Sie wirkte nackt hilflos. Irgendwie verloren ohne ihre braunen T-Shirts. Nur bekleidet mit dieser weißen Haut, die ihr viel zu eng zu sein schien. Es sah aus, als würde es überall durchschimmern. Ich sah das Blut in ihren blauen Adern zirkulieren. Konnte die Konturen der Rippen klar ausmachen. Und für einen kurzen Augenblick meinte ich sogar, den schwarzen Schatten ihrer Leber durch die Haut glänzen sehen zu können. Sicher, das glaubte ich nicht wirklich. Aber es schien so, als könnte ich es. Sie war auf einmal durchschaubar geworden, und ich war froh, als sie wieder ihre Sachen anhatte. Auf ihrem T-Shirt stand an diesem Tag Toyboy.
Wir sind nie wieder schwimmen gegangen. Ich hatte Glück. Es war bereits Mitte September, und der Herbst begann kurz darauf. Es wurde einfach zu kalt zum Draußenbaden, und drinnen badete sie nicht. Wir waren wieder die meiste Zeit bei ihr und unterließen alle weiteren gemeinsamen Aktivitäten außerhalb ihres Einzimmerappartements.
Ich war sehr gerne bei ihr, obwohl ihre Wohnung alles andere als groß war. Selbst die Bezeichnung Wohnung erscheint mir heute reichlich übertrieben. Es gab ein Zimmer mit zwei Kochplatten in der Ecke, und das war es eigentlich auch schon. Das Klo war im Treppenhaus, eine Dusche gab es nicht. Trotzdem oder vielleicht gerade weil es so klein und eng war, fühlte ich mich sehr wohl bei ihr. Das Zimmer war gemütlich. Es stand ein großes Bett darin, das fast den gesamten Raum einnahm. Daneben eine Holzkommode, in der

die T-Shirts und der Rest ihrer Kleidung lagen. Obendrauf standen Sachen aus Porzellan. Katzen und Hunde und auch ein Schwein. Sie erzählte einmal, dass sie Porzellantiere sammeln würde. Aber bei allem Wohlwollen, dafür kam mir ihre Sammlung doch sehr klein vor. Acht, vielleicht neun Tiere hatte sie, das war alles. Als ich ihr das sagte, wurde sie etwas verlegen und sagte nur, sie würde ja gerade erst anfangen mit dem Sammeln. Ich sagte nichts weiter dazu, und wir vermieden das Thema von da an.

Wir saßen bei ihr immer auf dem Bett oder lagen vielmehr, und sie las Geschichten vor oder erzählte sie mir. Ich schwieg meist. War mehr für das Handwerkliche zuständig. Ich brachte Regale an der Wand an oder reparierte ihre Steckdosen. Doch die meiste Zeit brachten wir mit ihren Geschichten zu. Ich schloss die Augen dabei. Legte meinen Kopf in ihren Schoß. Mit dem Gesicht nach unten, um mich besser konzentrieren zu können. Ich konnte dann ihren Bauch an meinem Ohr spüren. Ihren kleinen Bauch, wie er sich hob und senkte, wenn sie vorlas oder erzählte. Für mich gab es dann nur noch ihre Stimme. In der Dunkelheit, die ich mir unter meinen Lidern geschaffen hatte.

Sie erzählte mir Geschichten von Muscheln, die sprechen konnten und Namen trugen. Richtige Namen wie wir. Eine Muschel hieß Susanne und war schöner als die anderen Muscheln. So schön, dass keiner etwas mit ihr zu tun haben wollte. Es war eine sehr traurige Geschichte. Ich musste immer weinen dabei. Lautlos. Ich glaube nicht, dass sie es jemals bemerkt hat.

Eine andere Geschichte, die sie mir vorlas, handelte von vier

Kindern, die nach dem Zweiten Weltkrieg in den Trümmern Berlins nach Gras suchten. Auch diese Geschichte war sehr traurig. Aber ich musste nicht weinen bei ihr.

Eigentlich waren so gut wie alle Geschichten, die sie erzählte oder vorlas, sehr traurig. Ob es nun um Tiere ging, die keine Beine mehr hatten, oder einen kleinen Jungen mit grüner Haut, der versuchte, ein normales Leben zu führen, aber von den Menschen nur gehänselt und verachtet wurde. Ich war immer sehr gerührt bei diesen Geschichten, aber weinen musste ich nur bei der Geschichte von der Muschel Susanne. Ich weiß nicht, woran es lag. Vielleicht daran, dass meine Mutter Susanne heißt. Aber vielleicht auch nicht.

Sie erzählte sie mir sehr oft, und jedes Mal, wenn sie sie mir erzählte, war sie wieder ein bisschen anders. Wuchs heran, wurde länger und ausführlicher, ohne dabei jedoch etwas von ihrer Traurigkeit einzubüßen. Im Gegenteil, mir schien es, als würde sie bei jedem erneuten Erzählen trauriger und trauriger. Fast so, als würde sie heranwachsen wie ein depressives Kind. Ich mochte das. Und sie wusste das.

Doch irgendwann hörte es dann einfach auf mit uns. Endete so abrupt, wie es begonnen hatte. Heute würde ich fast sagen, es lag daran, dass sie umgezogen ist. Sie zog in eine größere Wohnung, ein paar Straßen weiter. Ich war noch ein paar Mal dort, aber ich fühlte mich nicht mehr so richtig wohl bei ihr. Das neue Zimmer wirkte riesig. Es war bestimmt doppelt so groß wie ihr altes, und alles, was sie hineinstellte, verlor sich darin zwischen den großen, hohen Wänden. Und ich glaube, so erging es auch uns. Wir verloren uns einfach darin. Konnten uns nicht richtig wiederfinden.

Sie erzählte in dem neuen Zimmer auch keine Geschichten mehr. Wir sahen jetzt fern in einem alten Fernseher, den der Vormieter dagelassen hatte. Schwarz-weiße Bilder ohne Ton. Als ich sie das erste Mal besuchte, erzählte sie mir noch Geschichten zu den Bildern. Aber es klang alles sehr lustlos. Außerdem konnte ich mein Gesicht nicht mehr in ihren Schoß legen, weil ich mir die grauen Bilder dazu ansehen musste. Wir bemerkten beide, dass sich etwas verändert hatte. Es war nicht mehr so, wie es mal gewesen war. Es war traurig. Aber es sah so aus, als ließe sich daran nichts ändern.

Kurz vor unserem Abschied fragte ich sie noch, warum sie umgezogen sei. Aber sie antwortete nicht. Sie tat gar nichts. Ignorierte meine Frage einfach, und mich auch. Irgendwann kam ich dann einfach nicht mehr wieder.

Doch ich habe sie nicht vergessen können. Auch heute denke ich noch oft an sie. An das eine Mädchen. Und an Susanne, die Muschel, die schöner gewesen ist als die anderen Muscheln. Nur weinen muss ich jetzt nicht mehr dabei.

Das Mädchen mit dem Mund

Ihr Mund ist roter als der Mund anderer Mädchen. Er ist nicht angemalt. Er ist von Natur aus so. Sie sagt, sie benutzt keinen Lippenstift. Wegen der Tiere und der Versuche. Manchmal denke ich, dass ihr Mund leuchtet. Aber nur, wenn wir mal alleine sind. Wir sind selten allein. Meistens ist ihr Verlobter noch da, und wir müssen Karten mit ihm spielen. Skat. Ich spiele nicht gerne Karten. Schon gar nicht mit ihrem Verlobten. Er schummelt dabei und nötigt mich, von seinen starken Mentholzigaretten zu rauchen. Ich rauche auch nicht gern.

Sie ist für mich das eine Mädchen. Und ich wäre gern ihr Verlobter. Würde gern aufhören mit dem Kartenspielen. Würde sie viel lieber küssen. Aber ihr Verlobter ist fast ständig da und passt auf. Er ist arbeitslos.

Ich wohne in demselben Haus wie die beiden. Wir haben uns im Hausflur kennen gelernt. Haben nett getan zwischen den Wohnungstüren. So fing es an. Irgendwann hat sie mich dann zum Tee eingeladen, und da war auch ihr Verlobter. Wir haben Kokosplätzchen gegessen, geredet. Ich habe auch mit dem Verlobten geredet. Bin sehr liebenswürdig gewesen. Seitdem denkt er, dass wir Freunde sind. Er besucht mich oft und will Alkohol mit mir trinken. Meistens lehne ich ab und denke mir Ausreden aus. Aber gerade in letzter Zeit glaubt er mir kaum noch. Ich muss ihn dann reinlassen. Er bleibt immer sehr lange.

Wenn er betrunken ist, trage ich ihn wieder rüber. Er kann dann nicht mehr alleine laufen. Er braucht meine Hilfe. Ich klingel bei ihr, und wir tragen ihn gemeinsam ins Schlafzimmer. Dort lassen wir ihn liegen. Überlassen ihn sich selbst.

Ich bleibe dann noch immer ein bisschen bei ihr. Wir sitzen im Wohnzimmer und sparen uns die Kokosplätzchen. Wir spielen auch keine Karten mehr. Wir küssen uns. Wir sind still dabei. Wir sitzen im Dunkeln, und ich kann ihre rosa Zunge spüren, die in mir wühlt wie ein hungriges Vogeljunges. Ich höre den lauten Atem ihres Verlobten nebenan. Manchmal wird mir übel bei dem Geräusch. Ich unterdrücke das Gefühl.

Es ist jetzt nach Mitternacht. Ihr Verlobter liegt im Schlafzimmer. Wir sitzen in der Dunkelheit des Wohnzimmers. Unsere Münder haben sich fest verschlossen. Ihre Zunge tut Dinge in mir. Ich kann sie spüren. In meinem Inneren. Dort, wo die schwarzen Tiere leben. Sie scheint sie geweckt zu haben. Ihre Zunge scheint zu weit vorgedrungen zu sein.

Wir lösen uns wieder. Sitzen in der Dunkelheit, und ich starre in die Richtung, wo man am Tag die Schrankwand sehen kann. Ein Lexikon, Videos. Glastiere vom Jahrmarkt, denen teilweise die Beine weggebrochen sind. Sie liegen mehr, als dass sie stehen.

Ich kann so nicht mehr, sage ich irgendwann.
Ja, sagt sie.
Ich will dich ganz, sage ich.
Ja, sagt sie.
Komm mit mir, sage ich.
Ja, sagt sie.

Gut, sage ich.
Ja, sagt sie.

Ich kann sie in der Dunkelheit nicht sehen. Ich höre sie nur. Höre, wie sie aufsteht. Wie sie sich um den Tisch tastet. An der Schrankwand entlang. Die Glastiere zittern. Etwas zerbricht leise. Dann ist es ganz still. Ich sitze alleine im Schwarz. Es ist das erste Mal, dass ich alleine in ihrem Wohnzimmer bin. Ein merkwürdiges Gefühl. Es scheint etwas passiert zu sein. Ich habe etwas getan. Etwas, was den gleichförmigen Gang der Dinge aufgehalten hat. Ihn verändert hat. Ich kann nicht sagen, dass ich mich gut dabei fühle. Da sind diese Stimmen in mir. Das Rumoren der Tiere, das ich versuche zu ignorieren. Ich pfeife leise und falsch etwas von Celentano. Sinke ein in der Dunkelheit.

Sie lässt das Licht im Hausflur anflackern. Sie sieht dort anders aus als im Dunkeln. Sie hat einen Koffer in der Hand. Unter dem Arm das Lexikon, eine Plastiktüte um das Handgelenk.
Ich halte einen Moment inne. Bin überrascht, wie schnell die Dinge gehen können. Man könnte sie jetzt noch aufhalten, denke ich. Alles beim Alten belassen. Sie müsste nur zurückgehen. Das Lexikon zurückstellen. Ihre Sachen wieder auspacken. Sich neben den atmenden Verlobten legen. Das wärs. Alles wäre ungeschehen.
Ich sehe sie an. Versuche, zwischen ihren Lippen hindurch in ihr Inneres sehen zu können. Es scheint dunkel dort zu sein, es ist zu hell hier draußen.

In meiner Wohnung ist es wie in ihrer. Man hat die Dinge an den gleichen Stellen angebracht, damit sie ins Haus passen. Damit es rechteckig wird. Sie geht ins Schlafzimmer. Sie macht das längliche Neon an. Stellt den Koffer neben das Bett. Dann ist sie im Wohnzimmer. Wie blind findet sie die Schnur der Stehlampe. Zieht zweimal daran. Bewegt sich in ihrem gelblichen Licht zur Schrankwand. Schiebt die Karlmaybände beiseite. Stellt ihr Lexikon daneben. Baut die bunten Tiere in dem Regal darunter auf. Eins nach dem anderen zieht sie aus der Tüte. Elefanten. Giraffen. Löwen. Dann sitzt sie auf dem Sofa. Ich sitze neben ihr. Höre, wie sie zweimal an der Stehlampe zieht. Es ist angenehmer so. Es ist wieder so, wie es immer gewesen ist.

Ihr Verlobter kommt am nächsten Tag. Er ist gewölbt durch den Spion in der Wohnungstür. Fischauge. Er klingelt einmal. Dann bricht er die Tür auf. Sie gibt nach wie eine Scheibe Butter. Er ist in meinem Flur. Ich habe Angst. Mein Körper ist Margarine.
Warum, fragt er. Seine behaarten Hände sind kalt an meinem Hals. Die Luft gefriert darunter.
Nur so, presse ich hervor.
Nur so, wiederholt er.
Ich kann riechen, dass er getrunken hat. Was sollte er auch sonst tun. Er hat keine anderen Freunde.
Möchtest du was trinken, frage ich deshalb. Ich spreche mit wenig Luft. Ich teile sie mir ein, damit sie länger hält.
Ja, sagt er.

Wir sitzen zu dritt im Wohnzimmer und trinken Bier.
Ich will, dass du zurückkommst, sagt er. Er meint nicht mich. Er spricht jetzt mit ihr.
Ja, sagt sie.
Pack deine Sachen, sagt er.
Ja, sagt sie.
Ich warte hier, sagt er.
Ja, sagt sie.
Sie holt den Koffer aus dem Schlafzimmer. Sie packt die Glastiere wieder in die Plastiktüte. Eins nach dem anderen. Löwen, Giraffen, Elefanten. Sie klemmt sich das Lexikon unter den Arm.
Tschüs, sagt sie.
Tschüs, sage ich.

Ich verlasse die Wohnung seitdem nur noch nachts. Ich könnte es nicht ertragen, ihnen zu begegnen. Ich kaufe meine Lebensmittel an Tankstellen ein. Tagsüber betrachte ich ihr Leben durch den Spion. Manchmal schlage ich mit der flachen Hand gegen das Holz der Tür. Nur um zu spüren, dass ich auch noch da bin. Um zu zeigen, dass auch ich noch etwas mit der Welt zu tun habe. Dazugehöre. Zu der Realität. Der Gegenwart hinter der Tür.
Er greift nach ihrer Hand. Er erzählt ihr etwas. Ich kann es nicht hören. Meine Tür ist absolut dicht. Sie lacht laut. Sie gehen die Treppen nach unten. Dabei bewegen sie ihre miteinander verschlossenen Hände vor und zurück.
Sie verschwinden aus meinem Blickfeld. Für einen Moment aus meinem Leben. Ich sehe aus dem Küchenfenster. Sie ver-

schwinden aus der Straße. Dabei hören sie nicht auf zu lachen. Hören nicht auf, ihre Hände vor und zurück zu bewegen. Und ich kann das kalte Glas an meiner Wange spüren. Es hält mich zurück. Ich bin klug genug, um nicht dagegen zu schlagen. Zu wissen, dass Glas nicht Holz ist. Ich werde zurückgehalten. Ich halte mich zurück. Betrachte, was draußen passiert. Ohne etwas tun zu können. Betrachte. Und ich bin klug genug.

Das Salz auf ihrer Haut

Es kam so plötzlich wie eine Programmänderung aus aktuellem Anlass. Krieg. Katastrophen. Unglücke. Sie hatte so etwas noch nie zuvor getan. Es geschah völlig unerwartet.

Wir lagen auf dem Sofa und aßen kleine Brezeln. Ihr Kopf lag auf meinem Bauch. Die Tüte mit den Brezeln stand auf ihrem Gesicht. Ich konnte es darunter fühlen, wenn ich hineingriff. Spürte ihre Nase durch das rote, durchsichtige Plastik. Kniff sie manchmal. Nur so. Scherzhaft. Aus Spaß. Ulk. Es knisterte laut.

Irgendetwas lief. Ich kann mich nicht mehr daran erinnern, was es war. Wir sahen nicht wirklich hin. Nahmen es kaum noch wahr, aber wir waren auch nicht mit uns beschäftigt. Wir lagen oft einfach nur so auf dem Sofa. In dieser Position. Aßen Dinge mit Salz. Ließen das Fernsehgerät laufen, um es bunt zu haben. Um Stimmen zu hören, die nicht unsere waren. Damit es Gespräche gab, denen wir folgen konnten. Um nicht aus der Übung zu kommen, was das Reden anbetraf.

Gemütlich, sagte ich irgendwann. Wie unbewusst geschah es. Ich vergaß fast augenblicklich, was ich gesagt hatte. Meine Stimme klang heiser. Das Salz hatte sie ausgetrocknet. Hatte sie tiefer werden lassen, als sie es eigentlich war. Hatte ihr die Feuchtigkeit entzogen. Hatte sie ins Gebäck aufgesogen, ließ es pappig werden. Ein Brei in meiner Speiseröhre, den man schnell schlucken musste, wollte man nicht, dass er die Luftzufuhr abschnitt. Wollte man nicht daran ersticken. Ich schluckte schnell. Versuchte, die Röhre mit meiner Stimme zu reinigen. Wie mit einer Bürste aus der Haushaltsbedarfsabteilung einer Drogeriekette.

Sie sagte nichts. Sie stand auf. Die Tüte mit dem Gebäck fiel zu Boden.
Ey, sagte ich.
Aber sie ignorierte mich. Verschwand einfach aus dem Wohnzimmer.
Ich stöhnte. Dachte an was Schlimmes. Hob die Tüte wieder auf. Machte da weiter, wo ich aufgehört hatte.
Wie mit einer Bürste aus der Haushaltsbedarfsabteilung einer Drogeriekette. Die weiße Röhre hoch und runter. Die Reste in den Borsten. Man müsste sie unter laufendes Wasser halten, um sie zu reinigen. Oder noch besser in ein Säurebad legen. Eine Säure, die die Speisereste zersetzt, aber die Borsten und die Bürste nicht angreift.
Ich hörte es in der Küche scheppern. Etwas zerbrach. Dinge fielen zu Boden, zersplitterten dort.
Das war zunächst nichts Ungewöhnliches. Sie war schon ziemlich ungeschickt. Ihr fielen ständig Dinge zu Boden. Sie musste morgens, neben ihrem eigentlichen Beruf, noch Zeitungen austragen, um den Schaden ersetzen zu können. Ich bestand darauf. Unser Geld reichte nicht für solche Extravaganzen.
Jetzt konnte ich Holz splittern hören. Ich dachte an die weißen Hängeschränke über der Spüle. Es knackte. Es war ziemlich laut. Ich fing an, neugierig zu werden.
Ich ging in die Küche. Lehnte mit der Salzbrezeltüte im Türrahmen. Sah ihr zu, wie sie mit einem der Küchenstühle auf die Schränke eindrosch. Sie musste einige Male auf sie einschlagen, bevor etwas passierte. Bevor Holzspäne aus ihnen heraussplitterten.

Sie tat es. Sie schlug einige Male auf sie ein. Holzspäne splitterten heraus. Man musste aufpassen, dass sie einem nicht in die Augen gerieten.

Was ist, fragte ich zwischen zwei Geräuschen. Gab mir Mühe, nicht verdutzt zu klingen. Aber es war schwierig. Meine Stimme klang noch immer heiser.

Für einen Moment sah sie mich an. Sie sah wild aus, wenn man das so sagt. Ihr Haar war unordentlich. Jedenfalls im Gegensatz zu sonst. Es hing ihr übers Gesicht. Man konnte nur ein Auge sehen. Das andere war verdeckt.

Der Moment war schnell wieder vorbei. Sie schlug erneut auf die Schränke ein. Das Geschirr darin zitterte. Dann schlug der Schrank mit einem lauten Knall auf die Spüle, bevor er ganz zu Boden fiel.

Sie schob mich zur Seite und ging ins Bad. Ich folgte ihr. Sah zu, wie der Spiegel zersplitterte, mit unseren Bildern darin. Sie schrie währenddessen. Anschließend nahm sie sich die Kacheln mit den Kornblumen darauf vor. Sie hörte nicht auf zu schreien.

Ich lief nach draußen ins Treppenhaus. Schlug mit meinen Händen gegen die Tür unseres Nachbarn. Ich wusste nicht, wie spät es war. Unser Nachbar war sehr groß. War sehr stark. Er war Metzger. Und konnte ziemlich böse werden.

Ich musste nicht lange warten. Er öffnete die Tür und war schon ziemlich böse.

Sie schlägt die Wohnung kaputt, schrie ich. Sie schlägt die Wohnung kaputt.

Der Metzger ist in unserem Bad. Er presst sie zu Boden. Er drückt ihr Gesicht auf die Fliesen. Sie strampelt mit den Beinen. Versucht, um sich zu schlagen. Aber unser Nachbar hat mit so etwas Erfahrung. Er tötet jeden Tag mehrere Rinder. Die sind größer und stärker als meine Frau. Sie kann sich nicht wehren unter ihm. Ihre Bewegungen werden langsamer. Erstarren. Sie liegt auf dem Boden. Und atmet. Atmet hörbar. Unser Nachbar ist auf ihr. Sein Knie in ihrem Kreuz. Ich dahinter. Mein Gesicht ist weiß wie Haferflocken. Meine Hände spielen mit dem Salz auf den Brezeln.

Nach einer Weile lässt er sie wieder los. Er beobachtet sie. Sie steht auf. Wäscht sich die Hände. Kämmt sich das Haar. Steckt es mit einer Spange zurück. Ihre weiße Stirn kommt zum Vorschein. Der Metzger schüttelt mir die Hand. Dann ist er weg. Ich bin allein mit ihr.

Wir sind wieder im Wohnzimmer. Sie liegt auf meinem Bauch. Ich stelle die Tüte auf ihr Gesicht. Wir hören weiter den Gesprächen zu, die vor uns geführt werden. Ich zerkaue Brezel. Es ist so laut in meinem Kopf.

Der Flur ist tapeziert

Ich freue mich, dass du wegfährst, sage ich zu ihr. Und sie weint, ohne etwas zu sagen. So weint sie immer. Schweigend und schluchzend. Eine Art zu weinen, mit der ich nicht umgehen kann. Ich lächle unsicher und weiß, dass es nicht gut ist. Ich sollte sie in die Arme nehmen. So, wie ich es aus den Filmen kenne. Aber ich kann nicht.

Wieso sagst du nicht, fahr nicht, sagt sie irgendwann, als das Weinen nachlässt und das Sprechen wieder beginnt. Bleib doch.

Weil es nicht stimmt, sage ich.

Bei alledem stehen wir in einem Flur, von dem ich nicht sagen kann, wem er gehört. Ob mir oder ihr oder irgendwem anders. Sie trägt braune Koffer in ihren Händen, und sie sehen schwer aus. Ihre Knöchel sind weiß geworden an den Griffen, aber sie stellt sie nicht ab. Die ganze Zeit nicht. Auch nicht während des Weinens.

Sie hat ihren Mantel an, und die Knöpfe daran sind zu. Goldknöpfe mit Prägung, die ich mir einmal sehr lange angesehen habe. Ein Gespräch am Anfang, bei dem ich nichts zu sagen wusste und ihre Augen für einen Moment meiden wollte. Weil sie so starren können, dass ich zu fiebern beginne.

Von da, wo wir stehen, ist es nicht weit bis zur Wohnungstür. Drei, vier Schritte vielleicht. Fast so, als könnte man die Klinke von hier aus berühren, um sie zu öffnen und zu schließen. Aber das tun wir nicht. Wir stehen nur da und warten.

Du hast dich so verändert, sagt sie und umklammert die Griffe der Koffer dabei noch fester. Sie beginnen zu schaukeln, und wir können es quietschen hören von den Befestigungen her. Ein Quietschen, von dem ich Gänsehaut bekomme.

Vielleicht hast du dich auch verändert, sage ich.

Vielleicht, sagt sie. Aber es klingt nicht so, als wollte sie das sagen.

Das Telefon klingelt. Und es ist auf einmal so, als wäre da noch ein anderes Leben. Wir sehen uns in die Augen und hören dem Klingelton zu. Er scheint uns Zeit geben zu wollen. Es klingelt viermal, bevor der Anrufbeantworter anspringt. Wir hören leise eine Männerstimme, die man nicht verstehen kann.

Wirst du wiederkommen, frage ich sie, während ich dem grünen Lämpchen beim Blinken zusehe.

Sie versucht, mit den Schultern zu zucken. Doch die Koffer hindern sie daran. Halten ihre Bewegung unten fest. Es sieht merkwürdig aus. Kurz muss ich an das Lachen denken, das es auch mal gab.

Ich weiß nicht, sagt sie, und ihre Stimme klingt auf einmal so laut. Ich dachte, dass sie flüstern würde, und erschrecke fast ein bisschen. Ihre Stimme scheint zu hallen in dem tapezierten Flur.

Okay, sage ich, weil ich denke, dass ich irgendwas sagen muss, und okay das Beste gewesen ist, was mir eingefallen ist. Dass es nicht gut ist, weiß ich auch. Aber es ist besser als die meisten anderen Wörter, die in meinem Kopf sind und darauf warten, dass ich sie sage. Besser als cool oder geil.

Sie atmet hörbar und macht die paar Schritte bis zur Tür.

Bleibt dort stehen und sieht erst mich an. Dann die Koffer in ihren Händen. Die Tür. Und dann wieder mich.

Ich folge ihr und lege die Hand auf die Messingklinke. Drücke sie langsam und lautlos nach unten. Die Tür kann man nicht leise öffnen. Sie schleift über den braunen Teppichboden im Flur.

Bleib doch, sage ich, und sie lächelt, während ich sie die abgenutzten Treppenstufen nach unten gehen sehe.

Ich schließe die Wohnungstür, um nicht die Haustür hören zu müssen. Das Zuschlagen, das durchs ganze Treppenhaus dröhnt. Stehe allein im Flur, und mir scheint nicht einzufallen, wessen Flur das eigentlich ist, und ich überlege, ob ich bleiben soll. Überlege, was ich machen soll. Überlege, wieso das alles so ist, wie es ist, und wer sie eigentlich war und was wir getan haben. Fragen, Fragen, Fragen, schreibe ich an diesem Tag in mein Tagebuch.

Der halb tote Vogel in mir

Wenn wir uns sagen, dass wir uns lieben, lügen wir. Wir wissen das. Wir tun es nur, weil wir es so im Fernsehen gesehen haben. Und weil es dort so schön aussieht, wenn sie es tun. Und oft genug glauben wir selbst an all das, was wir uns da erzählen. Die telegenen Lügen, die gerade nachts, wenn es auch noch so romantisch tut, aus unseren Mündern kommen. Und manchmal denke ich, dass das alles gar nicht so schlecht ist, wie es vielleicht klingt. Dass das Glück in der Illusion liegt. Wenn es da nur nicht immer diese Momente geben würde, in denen so ein Gefühl in mir ist. In mir auf dem Boden liegt ein halb toter Vogel mit zerzausten Federn, der sich gerade in letzter Zeit immer schwächer zu bewegen scheint. Ich glaube, dass es bald zu Ende geht mit ihm und dass ich ihn irgendwann einfach nicht mehr spüren kann.

Es ist Nacht. Wir liegen wie tot am Telefon.
Ich sage ihr, dass ich sie vermisse, und glaube selbst daran. Sie sagt, dass sie mir tausend Küsse durchs Telefon schickt, und sie klingt sehr nett dabei. Ein warmes Gefühl beginnt sich in mir zu regen, und ich versuche kurz, ihr von dem Vogel zu erzählen. Doch sie sagt nur, dass sie lieber Katzen mag. Dicke Katzen, die bei Sonnenschein auf der Fensterbank liegen und sich lecken.
Und ich sage, dass ich keine Katzen mag. Und dass, wenn ich schon etwas mögen muss, ich Hunde mag. Hunde, die bellen.
Und sie sagt, dass sie keine Hunde mag, weil sie Katzen mag. Und wenn man Katzen mag, mag man keine Hunde. Und das

verstehe ich, weil es mir genauso geht, nur umgekehrt.
Und Kinder, frage ich.
Kinder mag ich, sagt sie. Zwei Kinder.
Und ich sage, drei Kinder.
Und sie sagt, von mir aus auch drei Kinder. Die Uhr läuft.
Und ich sage, drei Kinder, drei Jahre.
Und sie sagt, dann doch lieber vier.
Und ich sage, ich habe Zeit.
Und sie sagt noch einmal, die Uhr läuft. Und ich beginne zu verstehen.

Ich drücke meinen Mund auf das Plastik der Muschel und presse ihn fest dagegen. Ich kann die Löcher in dem Plastik spüren und spüre, wie sie Abdrücke in meinen Lippen hinterlassen. Ich kann das Plastik schmecken. Und ich höre sie sagen, dass sie meinen Mund liebt. Und ich beginne zu lächeln. Ganz allein für mich, in meiner Dunkelheit. Und ich löse meinen Mund wieder von der Plastikmuschel. Dem Teil, der direkt mit ihrem Ohr verbunden ist. Und ich habe das Gefühl, dass ich das tue, damit sie das Lächeln nicht hört.
Wir schweigen einen Augenblick. Und ich höre der Musik zu, die auf ihrer Seite ist. Und für einen Moment kommt es mir so vor, als wenn da auch noch eine Stimme ist. Eine andere Stimme, die nicht ihr gehört.
Ist da noch was, frage ich.
Nein, sagt sie, da ist nichts mehr.
Und ich spüre dabei wieder so ein Flattern in mir. Unten auf dem Boden.

Dickmacher

Meine Frau ist so dick geworden, dass wir umziehen mussten. Sie ist nicht immer so dick gewesen. Sie ist dick geworden.

Erst war sie dick, weil sie schwanger war. Aber das ist normal, und ich dachte, nach neun Monaten ist es ja wieder vorbei. Aber das war es nicht. Das Kind war schon lange auf der Welt, doch ihr Bauch blieb so dick wie vorher. Er verteilte sich jetzt nur auf ihren ganzen Oberkörper, und die Beine schienen sich dem anzupassen. Sie nahmen an Umfang zu. Wurden dicker, um das ganze Gewicht tragen zu können.

Ich hatte nicht aufgehört, sie zu lieben, aber ich musste zugeben, dass sie mir dünn besser gefallen hatte. Es war ja auch nicht nur, dass sie einen Bauch bekam. Nein, alles an ihr schien zu wachsen. Auch das Gesicht. Ihre früheren, so feinen Züge begannen unter dem glänzenden Fleisch, das sich an den Wangen und dem Kinn zu bilden begann, zu verschwinden. Mit der Zeit sah sie ganz anders aus als früher. Mir fiel es so gar nicht auf, da ich sie ja ständig sah und die Veränderungen von einem Tag auf den anderen natürlich nicht so groß waren, dass ich sie hätte bemerken können. Aber manchmal sah ich mir alte Fotos von ihr an, und da konnte ich den Unterschied ganz deutlich sehen. Sie wurde dicker und dicker.

Ich drängte sie nicht zu Diäten. Ich sagte auch nicht, dass sie unbedingt abnehmen müsste. Aber ich sprach sie schon darauf an. Ich sagte ihr, dass sie ziemlich dick geworden war. Und sie nickte und meinte, das wäre ihr auch schon aufgefallen. Aber sie wüsste nicht, was sie dagegen tun sollte. Sie aß wie bisher, und das stimmte auch, sie aß wirklich wie bisher.

Schlimm wurde es, als ihr selbst die Umstandskleider nicht mehr richtig passten. Wir mussten ihr neue Kleidung kaufen. Wir kauften ausschließlich Kleider, alles andere hätte keinen Zweck gehabt. Einige kauften wir ein, zwei Nummern zu groß. Sicher war sicher. Und wir hatten Glück. Das meiste bekamen wir noch in den üblichen Geschäften. Noch brauchte sie keine Sondergrößen. Doch sollte sie noch mehr zulegen, müssten wir in spezielle Geschäfte gehen. Kaufhäuser für Mollige. Miss Molly, Frau Dicky, Tante Mopsi und wie die alle hießen. Damals hatten wir immer noch gelacht beim Vorübergehen, wenn uns die fetten Schaufensterpuppen in den unmodischen Klamotten traurig ansahen. Es war mir unvorstellbar vorgekommen, dass jemand so dick werden konnte. Heute jedoch war ich mir da überhaupt nicht mehr so sicher. Das Lachen blieb mir im Halse stecken. Wir sprachen nicht darüber. Und es war, glaube ich, auch besser so. Sie litt darunter, dass sie so aus der Form geriet. Sie sagte es nicht, aber ihre Traurigkeit nahm zu. Auch wenn sie versuchte, sie vor mir zu verstecken, in Momenten, in denen sie sich unbeobachtet glaubte, fiel es mir auf. Vielleicht waren es auch nur ihre dicken Gesichtszüge, die nicht anders konnten, als zu hängen. Aber das glaube ich nicht. Sie sah traurig aus, und einmal habe ich sie sogar weinen gesehen. Dicke Tränen. Es war kein schöner Anblick, und es wurde immer noch schlimmer.

Es fing nachts an. Der Platz für mich in unserem Ehebett wurde immer schmaler. Ein großer Teil ihres Körpers lag bereits auf meiner Seite. Der Platz für mich reichte noch aus, aber ich fing an, schlecht zu schlafen. Manchmal wachte ich nachts auf. Einmal schrie ich sogar. Ich hatte Albträume, in denen ich von ihrem Gewicht erdrückt wurde. Das Blut nur so aus mir rausspritzte. Meine Hirnmasse mir aus dem Schädel quoll wie das Fruchtfleisch aus einer zerquetschten Blutorange.
Ich erzählte ihr nichts davon. Ich log etwas von einem dunklen Tier, das mich im Schlaf verfolgt hatte. Sie schlug mir vor, zu einem Therapeuten zu gehen, aber ich schüttelte den Kopf und lehnte ab, so schlimm sei es nun auch wieder nicht.

Irgendwann fing sie an, seitlich durch die Türrahmen zu gehen. Es war mittlerweile die einzige Möglichkeit für sie, von einem Zimmer ins andere zu gelangen. Ihre Hüften waren einfach zu breit geworden. Ich sprach sie nicht darauf an. Ich registrierte es nur. So wie man feststellte, dass Milch schlecht wurde. Man kippte sie weg. Es machte mich traurig. Sehr traurig.
Sie war es, die es sagte. Es war beim Abendbrot. Sie sagte, ihr würde die Wohnung zu klein werden. Ob wir nicht umziehen könnten. Etwas Größeres. Vielleicht auch raus aus der Stadt. Draußen auf dem Land.
Ich bat mir etwas Bedenkzeit aus, um mir die Sache reiflich überlegen zu können. Aber nach ein paar Tagen stimmte ich ihr zu. Es schien wirklich das Beste zu sein. Ich wollte, dass

sie sich wieder wohl fühlte. Außerdem hatte mir noch nie besonders viel an dieser Wohnung gelegen.

Wir kündigten am Tag darauf und begannen die Zeitungsinserate zu studieren. Wir hatten beschlossen, dass ich allein eine Wohnung für uns suchen sollte. Sie sollte nicht zu teuer sein und etwas außerhalb der Stadt liegen. Sie sagte, ich würde das schon machen, sie hätte keine Lust, so weit zu fahren.

Die nächsten Wochenenden verbrachte ich mit anderen Wohnungssuchenden in leer stehenden Wohnungen außerhalb der Stadt. Es war schon anstrengend, aber nun hatten wir uns entschieden, und es gab kein Zurück mehr.

Die meisten Wohnungen kamen für uns nicht infrage. Oft genügte schon ein Blick auf die Eingangstür, um zu wissen, dass sie da nie durchkommen würde. Manche Wohnungstüren waren so schmal, dass sie selbst seitlich Mühe gehabt hätte. Ich sah mir den Rest der Wohnung dann meistens gar nicht erst an und fuhr zurück.

Zwei Monate vergingen so, ohne dass ich etwas Passendes für uns gefunden hätte. Ich erwog mittlerweile, ein ganzes Haus zu mieten. Vielleicht einen alten Bauernhof. Ich dachte, dass unsere Chancen, etwas Geeignetes zu finden, so größer wären. Ich sagte ihr nichts davon. Es sollte, falls es klappte, eine Überraschung sein. Außerdem hatte sie gesagt, dass ich alle Freiheiten besäße, sie sich auf mich verlassen würde.

Die meisten Häuser, die ich mir ansah, waren geeigneter als die Wohnungen. Selbst wenn die Haustür zu schmal war, so hatten sie zumeist noch breite Terrassentüren, durch die meine Frau ohne Probleme hindurchgekommen wäre. Selbst ich hätte noch mit hindurchgepasst. Und in den Häusern selbst war auch alles etwas geräumiger als in den Wohnungen. Doch nichtsdestotrotz waren die meisten einfach zu teuer, oder wir hätten sie gleich kaufen müssen.

Ich weiß nicht, wann es war. Aber kurz nachdem ich schon alle Hoffnung aufgegeben hatte, kam ich irgendwann nach einer Besichtigung an einem Bauernhof vorbei. Er war mir schon auf der Hinfahrt aufgefallen, aber ich war einfach weitergefahren. Es stand ein Schild davor mit einer Telefonnummer. Ich rief abends an. Am nächsten Tag konnte ich ihn besichtigen.
Er war nicht besonders schön, aber sehr groß. Es gab ausreichend Platz für meine Frau. Außerdem war die Miete ausgesprochen billig. Ich überlegte nicht lange und unterschrieb den Vertrag. Eine Woche später zogen wir ein.
Meine Frau war begeistert. Sie küsste mich immer wieder. Ich hatte sie lange nicht mehr so fröhlich gesehen.
Ich hätte sie gerne über die Schwelle getragen. Rein symbolisch, aus romantischen Gründen. Aber tragen konnte ich sie schon lange nicht mehr. Also ging ich einfach hinter ihr her ins Haus und legte stattdessen meine Hand auf ihren großen, fleischigen Rücken.
Sie war entzückt und begann sofort die Zimmer zu verteilen. Sie entschied, dass sie die Räumlichkeiten unten nützen würde, es gab dort sogar ein Bad, und ich mich mit dem Kind oben ausbreiten sollte. Ich war natürlich einverstanden.

Fürs Erste schien es, als würde sich jetzt alles zum Guten wenden. Nicht, dass sie auf einmal dünner wurde, aber es sah so aus, als hätte ihre stetige Gewichtszunahme erst einmal aufgehört. Vielleicht war das die Landluft oder die Bewegung, die sie jetzt täglich hatte, wenn sie über den Hof spazierte. Dazu kam, dass wir natürlich den kompletten Hof renovieren mussten. Es musste viel gemacht werden, und die Arbeit war für zwei reichlich. Nach einem Dreivierteljahr war dann der größte Teil fertig gestellt, und der Hof konnte sich jetzt wirklich sehen lassen.

Doch hatte sie einige Zeit aufgehört zuzunehmen, schien sie jetzt um das Doppelte anzuwachsen. Sie nahm überall zu und fing an, etwas Monströses zu kriegen. Allein ihr Gesicht wirkte jetzt so riesig, dass ich mich manchmal richtiggehend erschreckte, kam ich morgens nach unten. Ihre Augen wirkten winzig darin. Wie zwei Muttermale, die mich ansahen, und der Mund begann mehr und mehr einer gewaltigen Hautfalte zu gleichen, aus der tiefe Töne drangen.

Hatte es mir zuvor lange Zeit nicht so viel ausgemacht, dass sie so fett geworden war, ertappte ich mich jetzt manchmal dabei, wie ich anfing, mich vor ihr zu ekeln. Vor den Bergen weißen Fleischs, die von den Oberarmen hingen oder sich um ihre Beine schüttelten. An manchen Tagen konnte ich schon gar nicht mehr hinsehen.

Ich fing an, immer seltener nach unten zu gehen. Stattdessen blieb ich oben und kümmerte mich um das Kind. Wir spielten viel. Ich zeigte ihm, wie man sich die Zeit mit altem Laub und Kastanien vertreiben konnte. Manchmal lachte es, und ich fühlte mich wohl. Oben. Ohne sie.

Sie rief nach mir, wenn sie etwas brauchte oder ihr Dinge runtergefallen waren, die sie selbst nicht mehr aufheben konnte. Es hätte ihr den Rücken entzweigebrochen. Dass sie sich überhaupt noch bewegen konnte, grenzte an ein Wunder.
Doch ich ignorierte ihr Rufen. Versuchte so zu tun, als wäre sie nicht da. Aber das gelang mir nicht immer. Hörte ich sie nicht, so nahm ich doch wahr, dass sie da war. Ihre Anwesenheit in dem Geschoss unter mir spürte ich nur zu gut. Es war, als würde der Boden vibrieren. Als würden unten enorme Maschinen unter Hochdruck arbeiten. Zittern. Man nahm es nur unbewusst wahr. Man hätte nicht sagen können, dass man es hörte. Es waren einfach nur Schwingungen, die da waren. Es war unmöglich, sie nicht wahrzunehmen. Es war unmöglich, sie zu ignorieren.
Ich riss mich noch einige Wochen zusammen. Hoffte inständig, dass das Gefühl nachließ. Dass etwas passierte, das mich das alles hätte weiter ertragen lassen können. Doch natürlich geschah nichts. Außer dass es noch schlimmer wurde. Das Gefühl in mir, von dem ich mit der Zeit wusste, was es war. Es war nicht schwer, dem einen Namen zu geben. Es tat nur weh, es sich einzugestehen. Aber ich konnte nicht anders. Der Gedanke an meine Frau erfüllte mich mit Ekel. Ich konnte es nicht ertragen, sie zu sehen. Bei dem Gedanken an ihr vibrierendes, weißes Fleisch zog sich mir meine Magenschleimhaut zusammen. Ich musste die Fenster öffnen. Tannenduft atmen.

Irgendwann habe ich es aufgegeben. Ich nahm das Kind auf den Arm. Es schlief. Nahm den Koffer und schlich die Treppe nach unten. Es war Wochen her, dass ich hier gewesen war. Ich hatte meine Frau lange nicht mehr gesehen. Hatte nur registriert, dass sie noch am Leben war. Ich ignorierte ihre schwere Stimme, die sie manchmal noch die Treppen nach oben stapfen ließ. Ich hatte dem Kind die Ohren zugehalten. Ich verhielt mich leise. Ich wusste nicht, ob sie schlief.

Sie schlief nicht. Sie saß auf dem Sofa. Blickte in unsere Richtung, als hätte sie auf uns gewartet. Sie war noch dicker geworden, als ich sie in Erinnerung hatte. Das Fleisch erdrückte sie regelrecht. Sie hatte sich mehrere Decken um den Berg gelegt. Ihr Anblick hatte etwas unendlich Trauriges.
Ich starrte sie einen Augenblick an. War versucht wegzusehen, aber ich wollte Abschied nehmen. Ich sah sie weiter an. Etwas von dem Fleisch in ihrem Gesicht schien sich zu bewegen. Deutete Sprechen an. Aber es kam kein Laut aus ihr. Es blieb ruhig. Sie wirkte wie eine Puppe aus einem Märchenpark, bei der der Lautsprecher defekt war. Die ganze Szene war gespenstisch.

Ich war schon draußen im Hof, da hörte ich noch einen lauten Schrei. Er schien aus einer tiefen Grube zu kommen, einem Bohrloch, in dem nach Bodenschätzen gegraben wurde. Als hätte er eine ganze Weile darauf gewartet, hinauszukommen. Der Schrei fuhr mir durchs Rückenmark. Lähmte mich für den Bruchteil einer Sekunde. Dann presste ich das Kind fester an mich und lief, so schnell ich konnte. Ich blickte mich nicht mehr um. Ich rannte und rannte und rannte.

Ich bin nach Kassel gezogen. Ich nahm mir eine kleine Wohnung und fing eine Arbeit in einem Sportgeschäft an. Von da an blieb ich allein mit dem Kind. Ich bin kein schlechter Mensch. Ich hätte mich nicht neu verlieben können. Ich wollte auch keine andere Frau, eine dünnere Frau. Es war nur einfach so, dass ich nicht mehr konnte. In meinem Herz war kein Platz mehr. Es drohte auseinander zu brechen, und ich hatte getan, was ich für richtig hielt. Ich war gegangen. Und auch heute bereue ich meine Entscheidung nicht. Ich wäre irgendwann kaputtgegangen. Auseinander gebrochen wie eine Kartoffel. Das konnte keiner wollen.

Doch nach wie vor ist da ein Gefühl in mir für sie. Ein zartes Gefühl, das nicht zu ihr zu passen scheint. Ich kann mich nicht mehr daran erinnern, wie sie war, als sie dünn war. In meiner Erinnerung ist sie so, wie sie war, als ich sie verlassen habe. Das Bild ist das aus der Nacht. Sie auf dem Sofa, um sie herum ist das Fleisch. Ein verwachsenes Gesicht wie aus einer Schlachtereiwerbung für Produkte aus Deutschland.

Ich weine nicht. Aber etwas lässt mich nicht los. Es ist wie ein Gewicht, das mich am Boden hält. Etwas, von dem ich manchmal denke, dass es mich nach unten ziehen könnte, unter die Wasseroberfläche. Und dann ist da die Angst. Einfach nur noch Angst, und ich schalte den Fernseher aus. Öffne das Fenster und atme die Luft von draußen ein. Die Welt erscheint mir in der Nacht größer als am Tage. Es scheint mehr Platz in ihr zu sein. Ich genieße das Gefühl.

Die Klassensprecherin

Dass sie kein Mädchen mehr war, das sah ich sofort, als ich sie wiedertraf. Sie hatte Brüste bekommen und schüttelte mir neuerdings zur Begrüßung die Hand. Früher hatte sie nur gewunken.

Wir kannten uns aus der Grundschule. Und eigentlich auch nur daher. Sie ist die Klassensprecherin gewesen. Sie saß hinter mir, und ich habe immer ihren Namen vergessen, weil sie in meinem Rücken saß und ich sie die ganzen Jahre über so selten gesehen habe. Ihr Name ist mir bis heute nicht eingefallen.

Hallo, sage ich deshalb nur. Wie geht es dir.

Gut, sagt sie und lässt meine Hand wieder los.

Ich sehe sie weiter an und überlege, ob sie hübsch ist. Ich meine, ob sie hübsch geworden ist. Früher war sie hässlich, daran kann ich mich noch erinnern. Aber alle Kinder in der Grundschule sind hässlich. Ich war auch hässlich. Vielleicht bin ich es auch heute noch. Man redet darüber ja kaum noch.

Was machst du so, frage ich.

Ach, nichts, sagt sie. Und du.

Eigentlich auch nichts, sage ich.

Gut, sagt sie.

Gut, sage ich.

Ich höre auf, sie anzusehen, weil es zu unangenehm wird. Ich überlege, was ich stattdessen anschauen soll. Der Himmel ist grau. Vögel sind keine da. Ansonsten ist da nur der Platz mit der Kirche, den ich in- und auswendig kenne. Ich lebe seit meiner Geburt in dieser Stadt.

Ich schaue auf ihre Schuhe. Mir fällt so schnell nichts Besseres ein. Sie trägt Sandaletten, und ich kann sehen, dass sie sich die Fußnägel nicht lackiert.

Du hast schöne Füße, sage ich.

So, findest du.

Ja, sage ich.

Ich glaube, das war ziemlich dumm von mir. Das hätte ich nicht sagen sollen. Wir haben uns sehr lange nicht gesehen, und wir haben damals eigentlich nie miteinander geredet. Bestimmt denkt sie jetzt, dass ich sie hübsch und interessant finde. Aber ich bin mittlerweile zu dem Schluss gekommen, dass sie das nicht ist. Bis auf ihre Füße. Wahrscheinlich denkt sie jetzt auch, dass ich mich gerade eben in sie verliebt habe und sie jetzt heiraten will. Und das will ich auf gar keinen Fall. Ich will niemanden heiraten.

Ich will dich nicht heiraten, sage ich.

Ich dich auch nicht, sagt sie.

Gut, sage ich und sehe ihr noch eine Weile hinterher, wie sie über den Platz mit der Kirche verschwindet.

Dutt

Sie riecht nach Abstellkammer. Vielmehr ihre Kleidung tut es. Sie riecht immer danach. Der Geruch macht mich traurig. Nahezu depressiv. Abstellgleis, schreibe ich an manchen Tagen in mein Tagebuch, um die Dinge nicht direkt beim Namen nennen zu müssen. Außerdem weiß ich, dass sie in meinem Tagebuch liest. Das kleine Vorhängeschloss mit einer ihrer Haarnadeln öffnet. Sie trägt oft einen Dutt. Zu oft, finde ich. Sie sieht altmodisch aus damit. Außerdem beginnt er auf ihrem Kopf zu wackeln, und ich habe Mühe, ernst zu bleiben, weil ich solche Dinge witzig finde. Und wenn ich lache, ist sie meist beleidigt, weil sie nicht immer findet, dass Lachen passt. Und oft, also eigentlich auch meistens, redet sie mit mir über ernste Dinge. Unsere Beziehung, verhungernde Kinder in Afrika, Krieg und Krebs, und da ist es unpassend, zu lachen, das finde selbst ich.

Der Dutt besteht aus fremden Haaren. Es sind nicht ihre eigenen. Sie hat ihn vor ein paar Monaten in einer Drogerie für fünf achtundneunzig gekauft. Ein Tisch an der Kasse, auf dem noch abgelaufene Schokolade und Müsliriegel lagen. Sie hat es mir erzählt. Ich war nicht dabei. Ein Schnäppchen, sie hat gelacht und mehrere Male hintereinander laut in die Hände geklatscht. Seitdem ist der Dutt fast immer in ihrem Haar, nur nachts nicht.

Ich mag ihren Dutt nicht. Aber wir haben nie darüber gesprochen. Ich traue mich nicht, ihr zu sagen, dass ich den Dutt nicht mag. Ich habe Angst, dass sie dann Schluss macht und ich ausziehen muss. Das will ich nicht. Aber es ist nun mal so, dass sie nicht nur alt nach Abstellkammer riecht, sie ist es auch. Sie ist alt und altmodisch. Sie trägt die

Kleidung, die schon ihre Mutter in ihrem Alter getragen hat. Bauernkleider, sie ist auf dem Land groß geworden, und die Schuhe ihres Vaters. Sie sagt, dafür muss man kein Geld ausgeben, und ich sage nichts dazu. Es stimmt, wir sparen eine ganze Menge Geld dadurch. Aber sie wird nicht gerade schöner. Es ist schon eine ganze Weile her, dass ihre Mutter in ihrem Alter war, und so sieht sie auch aus. Die Leute drehen sich nach ihr um. Manchmal wirkt sie, als wäre sie aus einem anderen Jahrhundert. Die Leute denken, wir würden Handzettel für ein Kostümfest verteilen. Manche sprechen uns an, sie lacht. Und ich drehe dann nur mein rotes Gesicht zu irgendeiner Hausfassade, die in der Nähe ist.

Ich gehe jetzt fast gar nicht mehr raus mit ihr. Ich denke mir Ausreden aus. Ich habe Phantasie, viel Phantasie. Sie geht jetzt immer alleine raus. Ich bleibe zu Hause und spiele mit Dingen, die ihr gehören, bis sie wiederkommt. Wenn sie wieder da ist, tue ich ganz normal. Höre ihr zu, wenn sie von draußen erzählt. Den Dingen, die sie erlebt hat. Ich bin ganz ernst dabei. Schaue zu Boden, um auf gar keinen Fall ihrem Dutt beim Wackeln zusehen zu müssen. Ich müsste lachen. Es würde wieder Ärger geben. Vielleicht würde sie Schluss machen, und ich müsste ausziehen.

Ich habe sie mal geliebt. Das ist wahr. Das war früher. Da wollte ich noch so werden wie meine Eltern. Meine Eltern haben ein Antiquitätengeschäft in der Oberpfalz. Ich habe mich für alte Sachen interessiert. Habe alte Sachen nachgemacht. Gefälscht.

Sie hat mich damals interessiert. Sie war so anders. So alt. Ich mochte ihren Geruch anfangs. Er erinnerte mich an den Laden meiner Eltern. Sie roch so, wie es dort roch. Ich fühlte mich zu Hause bei ihr. Geborgen.

Doch irgendwann hatte ich Streit mit meinen Eltern. Es ging um Geld. Um viel Geld, und wir haben nie wieder miteinander gesprochen. Seit dem Tag stößt mich alles Alte ab. Ich habe alles Antike, was ich besitze, gegen neue Sachen getauscht. Alles, was nun mir gehört, ist in den letzten zehn Jahren maschinell hergestellt worden. Die Sachen, die ich nicht tauschen konnte, verbrannte ich nachts in einem U-Bahnschacht.

Die einzige alte Sache, die noch in meinem Leben ist, ist sie. Ich konnte sie nicht tauschen. Verbrennen wollte ich sie nicht, obwohl der Dutt sicher schön gebrannt hätte. Und ich bringe auch keinen Mut auf, sie zu verlassen. Ich möchte hier nicht ausziehen. Ich nehme in Kauf, dass sie hier ist. Dass ich mit ihr für immer zusammenleben muss. Aber ich fühle mich oft sehr allein. Mein einziger Freund ist mein Tagebuch. Ihm vertraue ich alles an. Ich schreibe Wörter hinein, die meinen Gefühlen Ausdruck verleihen. Die letzten Eintragungen sind ganz traurige Wörter. Totgeburt. Waffenembargo. Reichspogromnacht.

Ich höre ihren Schlüssel im Schloss. Ich muss jetzt aufhören zu schreiben. Ich klappe mein Tagebuch zu. Schließe es ab. Schiebe es zusammen mit meinem Filzstift unter das Bett. Stelle mich davor. Warte, bis sie in das Zimmer kommt. Ich sehe zu Boden.

Ich kann sie schon im Flur lachen hören. Der Flur ist sehr klein. Die Stimme hallt. Ein muffiger Geruch schlägt mir entgegen. Ich höre ihre Bauernschuhe vor mir auf dem Boden. Dann steht sie vor mir. Ich sehe ihre Hände zwischen meinen Augen und dem Fußboden. Sie klatschen gegeneinander. Ihre Stimme ist schrill währenddessen. Die Frequenz ist höher als das Klatschen der Hände. Sie zwingt mich, sie anzusehen.

Ich blicke in ihr Gesicht. Auf ihrem Kopf wackelt es.

Ein Tag am Meer mit Shirley

Shirley sagt, dass sie es nicht ertragen kann, dass die Welt sich so schnell dreht.
Ich sehe sie kurz an. Mein Gesicht tut nichts weiter dabei. Nichts, was man erwähnen müsste. Vielleicht zuckt es.
Ich blicke wieder hinunter in das Schokoladenmüsli. Lasse Milch darüber laufen.
Hörst du mir überhaupt zu, fragt Shirley.
Ich nicke. Kaue auf dem Müsli herum. Auf kleinen Schokoladenstückchen. Es ist laut zwischen meinen Ohren. Mein Nicken kommt mir fast wie eine Lüge vor. Ich sehe sie an. Schaue auf ihre Lippen. Sie liegen schmal übereinander, fast parallel. Sie schweigen. Shirley schneidet Schwarzbrot in Quadrate.
Es ist sehr früh. Man kann dem Tag fast noch beim Beginnen zusehen. Das habe ich schon häufiger gemacht. Aber ich habe es immer nur von der anderen Seite aus betrachtet. Immer nur von der Nachtseite aus, nie von der mit dem Tag. Es ist schöner von dieser hier, finde ich.

Du möchtest nicht reden, oder, fragt Shirley.
Ich hätte sie fast vergessen. Ihre Stimme kommt mir auf einmal sehr laut vor. Es ist, als wäre ich im Keller und sie riefe nach mir. Ich bin dort unten, um aufzuräumen. Suche nach Dingen, die mir vielleicht noch nützlich sein könnten.
Ich schüttel den Kopf. Nicht wirklich, bringe ich zwischen den Körnern und der Schokolade hervor. Und es muss wirklich so klingen, als riefe ich es eine dunkle Treppe nach oben.
Du musst ja auch nicht, sagt Shirley.

Gut, sage ich.
Aber schade ist es schon, sagt Shirley.
Finde ich nicht, sage ich, und ich höre selbst, dass es etwas gereizt klingt.
Ist ja gut, sagt sie. Ich bin ja schon ruhig.

Wir sitzen schweigend zwischen der Einbauküche. Wir essen. Shirley kaut stumm ihre Schwarzbrotquadrate. Sie tut so, als lese sie in dem Teppichprospekt, der aufgeschlagen neben ihr auf dem Stuhl liegt. Sie weiß, dass ich sie dabei beobachte.

Es ist nicht normal, dass wir so früh aufstehen. Das machen wir sonst nie. Aber heute wollen wir fortfahren. Nicht für immer. Nur für einen Tag. Wir wollen ans Meer fahren, weil es draußen warm ist und fast schon Sommer und wir nicht wüssten, wo wir sonst hinfahren sollten. Die Berge sind zu weit weg und unsere Eltern tot.

Ich stelle mich hinter Shirley. Sie tut noch immer so, als interessiere sie sich für Teppiche. Ich stecke mein Gesicht in ihr Haar. Das mache ich ab und zu. Ich weiß, dass ihr das gefällt. Ich atme dann extra doll, und es wird ganz warm an der Stelle, an der ich sie mit meinem Mund berühre. Uh, ist das heiß, ruft Shirley manchmal, wenn sie gute Laune hat. Und ich muss dann immer lachen, weil ich es witzig finde, wie sie das so ruft. Uh.
Lass das doch, sagt Shirley jetzt.
Sie versucht, ihren Kopf wegzuziehen. Aber ich bleibe hart-

näckig. Folge ihren Bewegungen mit meinem Mund. Höre nicht auf, extra warm zu atmen. Meine Hände schlinge ich dabei um ihre Stirn, damit sie nicht weiter wegkann.
Shirley schreit, lass mich doch endlich los. Dabei kann sie sich ein Lachen nicht mehr verkneifen. Und ich höre nicht auf, ich mache immer weiter. Puste und puste, dass es auch an meinem Mund ganz heiß wird. Dass ich fast glaube, dass ich schon kleine Hitzepickel da kriege.
Irgendwann bekomme ich dann auch nicht mehr richtig Luft in ihrem Haar. Und ich lasse sie los. Ziehe mir Strähnen von ihr aus dem Mund.
Shirley lacht noch immer. Sie scheint nicht mehr beleidigt zu sein. Sie sagt, du weißt doch, dass das immer so heiß wird.
Ich nicke und lächle sie an.

Shirley fragt, ob wir was vergessen haben.
Wir haben gestern schon eine Tasche gepackt. Mit Handtüchern, unserem Polyesterbadezeug, zwei Büchern und einem Ball. Außerdem noch Sonnenmilch und Creme für Shirley. Sie braucht solche Dinge, egal wo wir sind. Ohne Creme geht sie nicht aus dem Haus. Sie muss sich ständig damit einschmieren. Ständig cremt sie sich ein. Die Lippen, das Gesicht und die Arme. Wenn sie alleine ist, cremt sie sich auch noch den Rest ein. Weil alles so schnell spröde wird, sagt Shirley.
Ich glaube, wir haben alles, rufe ich ihr vom Flur aus zu.
Shirley antwortet nicht. Sie scheint mich nicht zu hören.
Ich sehe nach ihr.

Shirley hockt vor dem offenen Kühlschrank und packt Lebensmittel in unsere karierte Kühltasche.
Wir müssen ja auch was essen, sagt sie.
Ja, sage ich.

Wir fahren an den Strand.

Wir baden.

Wir fahren wieder weg vom Strand.

Es ist schon spät, als wir zurückkommen. Im Haus ist es ruhig und kühl. Man hat das Gefühl, als wäre der Sommer nicht hier gewesen. Als wäre der Winter im Haus gewesen. Hätte hier gewohnt, bis seine Zeit gekommen ist.
Wir räumen die Sachen aus dem Auto. Stellen und legen sie dahin, wo sie wirklich hingehören. Dann gähnen wir und ziehen uns aus. Betrachten für einen Moment unsere geröteten Körper. Wissen, dass unter dem Rot das Braun ist, das erst am nächsten Tag herauskommen wird.
Wir werden schön sein morgen, sagt Shirley.
Ja, sage ich. Morgen wird es anders aussehen.
Wir werden uns nicht wiedererkennen, sagt sie.
Ja, sage ich, wir werden Mühe haben. Aber ich werde mich an dich erinnern können.
Das ist schön, sagt sie.
Sie streckt sich zu meinem Gesicht und küsst dort den Mund. Sie schmeckt sandig.
Putz dir die Zähne, sage ich.

Ja, sagt sie und verschwindet im Bad.
Ich warte im Bett auf sie. Lasse die Lampe auf dem Nachttisch brennen, damit sie den Weg findet. Der Schatten meiner Hand auf der Wand erinnert mich an etwas, was ich schon einmal gesehen habe.

Shirley schmeckt nach Minze. Sie hat mich noch einmal geküsst. Sie liegt neben mir, und ich habe das Licht gelöscht.
Gute Nacht, sagt sie.
Gute Nacht, Shirley, sage ich.

Es gibt Schlimmeres

Es gibt Schlimmeres, sagt sie.
Ich weine. Halte mir die Hände vors Gesicht. Stelle mir vor, wie es ist, tot zu sein. Der Tod, ein langsamer, alter Mann.

Da ist das Ticken einer Uhr. Eine Standuhr. Wir sind in einem Wohnzimmer aus einer Zeit, in der wir noch nicht auf der Welt waren. Es gehört ihrer Mutter. Ihre Mutter ist einkaufen. Sie hat gelacht. Sie will einen Kuchen backen. Sie hat keine Zutaten für einen Kuchen im Haus. Das Geschäft ist gleich um die Ecke. Es ist Vorweihnachtszeit.
Die grauen Schübe kommen ab und zu. Nichts deutet vorher darauf hin. Sie kommen einfach so. Ich kann es nicht kontrollieren. Die Tabletten verhindern Schlimmeres. Aber sie können es nicht aufhalten. Es kommt immer wieder. Meist passiert es abends. Ich bin dann zu Hause. Es ist nicht so schlimm. Ich kann mich hinlegen. Mein Gesicht in weiche Gegenstände pressen. Ich kann weinen. Niemand sieht es. Niemand hört es. Die Tränen werden aufgesogen von den weichen Gegenständen. Man kann sich daran nicht wehtun. Irgendwann ist es gut. Es ist nicht so schlimm. Ich fühle mich dann fast wieder normal.

Es riecht nach dunklem Kaffee in der Wohnung. Darunter ein Fettgeruch. Ich denke an alte, nackte, weiße Frauen. Ich kann es nicht verhindern. Es wird schlimmer in mir. Grauer. Durch meine Finger hindurch sehe ich dem Ticken der Uhr zu. Es ist rosa. Daneben das Bild ihres Mannes. Es ist schwarz-weiß. Ihr Mann ist tot. Das war nicht der Krieg. Das war die Zeit, hat sie eben gesagt.

Ich habe es lange ansehen müssen. Hermann, hat sie noch gesagt. Dann ist sie verschwunden in der Küche. Hat so getan, als würde sie etwas holen müssen. Wir haben sie schluchzen hören können. Sie hat mich vorwurfsvoll angesehen. Ist ebenfalls in der Küche verschwunden. Leise habe ich ihre Stimmen gehört. Wie verpackt hat es geklungen. Dann sind sie irgendwann wiedergekommen. Ihre Mutter hat gelächelt. Und ihre Augen waren so rot. Ich konnte gar nicht hinsehen. Habe etwas in mir gespürt. Und dann hat sie gesagt, dass sie einen Kuchen backen will. Und ist verschwunden. Und ich habe die Tiere rausgelassen. Die Tiere mit dem grauen Fell. Habe sie in die Wohnung gelassen.

Was ist denn.

Ihre Stimme ist neben mir gewesen. Und ich habe gesagt, es ist auf einmal so grau geworden. Die Tiere sind wieder da.
Es gibt Schlimmeres, hat sie gesagt.
Und ich habe an den Mann denken müssen, der uns den Tod bringt. Sein Mantel flattert. Schlack. Schlack.
Schlack. Schlack, habe ich versucht, es ihr mit den Händen nachzuahmen. Aber sie versteht nicht. Sie versteht mich nicht. Sie weiß nicht, was mit den Tieren ist. Mit dem alten Mann. Sie versteht das nicht. Sie denkt, es ist nicht so schlimm. Schlack. Schlack. Und ich kann es ihr nicht erzählen. Ich kann dem keinen Namen geben. Ich kann nur warten, dass es wieder weggeht. Die Tiere eingefangen werden. Vom Dompteur. Der Mann mich nicht findet hinter meinen Augen. Ich warte ab. Nehme die Dinge genauer wahr. Das

Ticken. Das Schlacken. Tick, tick. Schlack, schlack. Ich kann es hören. Ich konzentriere mich darauf. Versuche, die Tiere dorthin zu scheuchen. Die Tiere den Geräuschen zuzuordnen. Das Geräusch ein rotes Mal. Die kleinen Tiere zum Ticken. Die großen zum Schlacken. Ich kann sie laufen spüren. Es vibriert. Es wackelt. Ich spüre den Boden, auf dem alles ist. Auf dem alles basiert. Es zittert. Ich zittere.
Dann wird es weniger. Die kleinen Tiere sind in der Uhr verschwunden. Unten in der Standuhr, im Kasten verstecken sie sich. Wo man sie nicht sehen kann. Die großen sind im Flur. Ich kann die Tür hören. Dann sind sie weg. Alles ist ruhig. Ich höre auf zu zittern. Es zischelt.

Ich bin wieder da, ruft ihre Mutter.

Ihre Mutter ist wieder da. Sie ist ein graues Tier, das sich in der Küche verirrt hat. Kein Herdentier. Allein in der Küche. Dann hört auch das auf. Es ist wieder ruhig.

Ich sitze da mit dem schwarzen Kaffee in meiner Hand. Die Tasse ist zierlich. Der Henkel ist eng an meinem Finger. Ich esse Sandkuchen. Schaue in die Augen ihrer Mutter. Sie spricht mit mir.
Ja, sage ich. Ich verdiene Geld.
Nein, sage ich. Ein Auto habe ich nicht.

Fama und Fauna

Wenn sie dann so einfach sagt, dass wir fortgehen sollen, sag ich ihr immer nur, nein, dafür ist es noch zu früh. Wir wollen doch erst noch bekannt werden. Du weißt doch, unser Traum. Dabei drücke ich sie wieder auf unser Sofa zurück. Presse sie an ihren Schultern auf das rote Kissen, das dort liegt, in Herzform.
Bleib hier, sage ich dabei, bleib hier.
Sie würde sagen, dass ich schreie.
Sie sagt, schrei doch nicht so. Du musst mich nicht gleich anschreien.
Aber ich schreie ja gar nicht.
Ich sage, ich schreie doch gar nicht.
Wenn ich schreie, klingt das anders. Das sollte sie mal erleben. Aber das sag ich ihr nicht.
Ich gieße etwas Milch aus der Messingkanne in ihren Tee. Ein Tropfen in den grünen Tee. Das wird sie beruhigen. Grüner Tee beruhigt, wenn er nur lange genug gezogen hat. Das weiß sie, und das weiß ich.
Trink deinen Tee, sage ich zu ihr. Trink deinen Tee.
Sie pustet und trinkt davon.
Tee beruhigt, sage ich noch einmal, um sicherzugehen, dass sie es hört. Tee beruhigt.
Ich stehe vor ihr und sehe zu, wie sie den Tee trinkt. In den Becher blickt, auf dem ihr Name steht. Fauna.
Es ist wie jedes Mal, wenn sie fortwill, aber ich sie nicht gehen lassen kann. Ich kann es einfach nicht tun. Es ist noch zu früh dafür. Aber das sieht sie nicht ein.
Es hat schon oft Ärger gegeben deswegen. Ich habe das Schloss in der Wohnungstür auswechseln lassen müssen. Es

existiert jetzt nur noch ein Schlüssel dafür. Den trage ich an einem roten Seidenband um meinen Hals. Nachts schließe ich sie in unserem Schlafzimmer ein, schlafe auf der Couch im Wohnzimmer. Mein Kopf auf dem roten Kissen in Herzform.

Anfangs ist es nicht leicht gewesen für Fauna. Sie hat geweint und einmal sogar geschrien und gegen die Tür geklopft. Es war schon ziemlich laut. Die von oben sind runtergekommen und haben gefragt, was das für ein Krach sei. Ich habe gesagt, meiner Frau geht es nicht gut. Sie ist fertig mit den Nerven. Ihr Bruder wäre bei einem Autounfall ums Leben gekommen. Wir hättens gerade erfahren. Die von oben waren dann sehr nett. Meinten, herzlichstes Beileid, und haben gefragt, ob sie irgendwas für uns tun könnten. Ein Bekannter von ihnen wäre Arzt, der würde auch nachts kommen. Nein, nein, habe ich gesagt. Wir hätten Medikamente im Haus. Valium, habe ich gesagt. Valium. Ich gebe meiner Frau Valium. Dann sind die von oben wieder nach oben gegangen.

Am nächsten Tag klingelten sie nochmal kurz, um zu fragen, wie es meiner Frau geht. Ich meinte, schon wieder etwas besser. Sie würde viel schlafen. Seitdem haben wir nichts mehr von ihnen gehört. Ich bin froh darüber, dass sie uns in Ruhe lassen. Ich mag es nicht, wenn Leute sich in unsere Angelegenheiten einmischen. Das geht sie nichts an.

Mit der Zeit hat Fauna sich daran gewöhnt, dass ich sie einschließe. Sie weint jetzt nicht mehr. Ich sage ihr immer wieder, dass es ja nicht für immer ist. Wir werden eines Tages fortgehen. Wenn die Zeit reif ist. Aber noch ist es zu früh dafür. Das muss sie einfach einsehen. Und solange sie das nicht tut, werde ich für sie sorgen. Ich meine es ja nur gut mit ihr. Ich liebe sie schließlich. Ja, ich liebe sie wirklich, und ich liebe sie sehr, und deshalb tue ich das alles ja. Auch das Warten, bis wir fortgehen. Ich will nicht, dass Fauna enttäuscht wird. Wenn wir gehen, muss es für immer sein. Das heißt, dass man den richtigen Zeitpunkt wählen muss. Das kann man nicht einfach so machen. So aus dem Bauch raus, wie sie sagt. Und das erkläre ich ihr immer wieder. Wieder und wieder. Aber sie scheint das nicht zu verstehen. Auch wenn sie sagt, dass sie es versteht, weiß ich doch, dass sie überhaupt nichts davon begreift. Und im nächsten Moment sagt sie schon wieder zu mir, lass uns fortgehen, und ich kann nur noch den Kopf schütteln. Manchmal werde ich dann wirklich böse. Also ich meine, so richtig böse. Wie kann man nur so naiv sein.

Mittlerweile ist es draußen dunkel geworden. Das Zimmer besteht nur noch aus grauen Umrissen. Auch Fauna ist grau geworden. Eine bewegungslose Silhouette auf der Couch.
Ich ziehe die Vorhänge vor die Fensterscheiben und schalte Licht an. Fauna hat noch immer ihren Becher in der Hand. Ich lese wieder Fauna darauf.
Ich habe auch so einen Becher. Auf meinem steht Fama. Fauna und Fama, das war ihre Idee. Weil es so schön klingt, hat sie gesagt und dann gelacht.
Fauna und Fama sind natürlich nicht unsere richtigen Namen. Es sind Künstlernamen. Pseudonyme, die wir uns bei Auftritten geben. Jedenfalls früher. Seit einiger Zeit bekom-

men wir kaum noch Angebote. Unser Agent sagt immer, ja, ja, so ist es zurzeit mit der Kunst, und dann sagt er, er meldet sich wieder. Und wir warten. Warten auf Angebote. Und warten auf das Fortgehen. Fortgehen wollten wir schon immer.

Ich setze mich neben Fauna auf die Couch und nehme ihr den leeren Becher aus der Hand. Stelle ihn auf den kleinen Beistelltisch neben mir. Ich lege meinen Arm um ihre Schultern und gebe ihr einen kleinen Kuss auf die Wange. Ihre Haut ist warm darunter. Sie riecht gut.
Möchtest du fernsehen, frage ich.
Ja, sagt sie, ich möchte gerne fernsehen.
Sie lächelt mich an, während ich die Fernbedienung von oben vom Fernseher hole.
Wir sehen eine Serie über einen Arzt auf dem Land. Einen Arzt für Tiere, der sehr nett ist und eine Frau mit drei Kindern hat.
Wir haben es uns zur Angewohnheit gemacht, schweigend nebeneinander zu sitzen und fernzusehen. Ich ertrage es nicht, wenn Menschen beim Fernsehen anfangen zu reden. Ich muss mich dabei konzentrieren. Ich kann nicht mehrere Dinge gleichzeitig tun. Manche können das ja vielleicht, aber ich nicht. Ich brauche Ruhe dabei, und ich glaube, Fauna geht es genauso. Jedenfalls sagt auch sie nichts beim Fernsehen, und wir sitzen so da, zwei, drei Stunden vielleicht. Schweigend mit dem Fernseher.
Irgendwann fange ich dann an zu gähnen und sage, oh, es ist ja schon spät. Ich glaube, es wird allmählich Zeit für uns.

Fauna steht dann auf und geht ins Bad. Ich kann hören, wie sie sich die Zähne putzt, wie sie sich wäscht.

Fauna blickt mich durch den Wohnzimmertürrahmen an. Sie sieht weiß aus.
Gute Nacht, Liebling, sage ich.
Gute Nacht, Liebling, sagt Fauna.
Sie geht, und ich höre, wie sie die Schlafzimmertür schließt. Ich warte noch einen Augenblick, dann stehe auch ich auf, um mich zu waschen und mir die Zähne zu putzen. Anschließend lösche ich das Licht in der Wohnung und schließe die Schlafzimmertür ab. Zweimal. Dann lege ich mich aufs Sofa und liege so eine Weile da im Dunkeln, bis ich einschlafen kann. Ich denke dabei an nichts. Ich denke immer im Dunkeln an nichts. Alles andere würde mich nur wieder unnötig aufregen.

In der letzten Zeit werde ich immer früher wach. Heute ist es sogar noch dunkel draußen. Aber ich kann einfach nicht mehr schlafen.
Ich schaue auf meine Armbanduhr, die auf dem Wohnzimmertisch liegt. Es ist kurz nach sechs. Vögel singen keine.
Ich verschränke die Arme hinter dem Kopf und schaue aus dem Fenster. Mietshäuser, davor keine Bäume. Es ist immer derselbe Blick. Nur wenig hat sich in der Zeit, in der wir hier wohnen, verändert. Die Farben der Vorhänge. Jalousien und Jahreszeiten. Ansonsten nichts. Fast elf Jahre leben wir jetzt hier.

Ich stehe auf, um Wasser zu kochen. Auf dem Weg in die Küche klopfe ich gegen die Schlafzimmertür. Fauna wird auch schon wach sein. Sie weiß dann, dass es Zeit zum Aufstehen ist. Ich lasse ihr noch einen Moment, um sich anzuziehen. Währenddessen sehe ich dem Wasser beim Kochen zu. Erst sieht man nichts, dann steigen vereinzelt Blasen auf. Es werden immer mehr. Als es kocht, schließe ich die Schlafzimmertür auf. Fauna steht wie jeden Morgen dahinter. Fertig angezogen. Ihr Bett ist gemacht, das Fenster geöffnet.
Guten Morgen, Liebling, sage ich.
Guten Morgen, Liebling, sagt Fauna.
Sie geht ins Wohnzimmer und öffnet auch dort das Fenster. Sie legt meine Decke ordentlich zusammen und verstaut sie in der unteren Schublade der Schrankwand.

Wir sitzen nebeneinander auf dem Sofa. Trinken das heiße Wasser. Sehen aus dem Fenster. Dabei sagen wir nichts.
Gegenüber werden himmelblaue Vorhänge beiseite geschoben. Ein alter Mann mit grauen Haaren sieht uns an. Seine Haare sind lang. Neben ihm taucht eine Frau auf. Ihre Haare sind auch lang. Aber dunkelgrau. Ich schaue wieder weg und sehe Fauna an.
Sie sieht in den ausgeschalteten Fernseher hinein. Dorthin, wo unsere Zukunft liegt. Eine schwarze, glatte Fläche, in der wir uns spiegeln. Wir sitzen nebeneinander auf dem Sofa. Schweigend. Und schweigend.

Fischgericht

Sie hatte Fisch gekocht. Die Wohnung roch danach. Es steckte in der Kleidung. Wir rochen nach Fisch. Ich roch es zuerst an ihr, als ich sie umarmte. Wir umarmen uns oft. Ich roch es in ihrem Haar, in das ich mein Gesicht steckte. Ihr blondes Haar. Es roch nach dem Fisch. Sie musste immer wieder in den Topf gesehen haben. Nach dem Fisch. Der Fischdampf muss dabei in ihre Haare und in ihre Gesichtshaut gezogen sein. Auch dort roch ich den Fisch. Sie roch anders als sonst. Sie roch sonst nie nach den Sachen, die sie kochte. Gab es Fleisch oder Gemüse. Oder beides zusammen. Dann roch sie immer, wie sie immer roch. Aber heute war es anders. Ich hatte das Gefühl, dass auch ich jetzt danach roch. Entweder, weil ich sie umarmt hatte, oder weil der Fischgeruch einfach überall war. Aber ich sagte nichts. Ich ließ sie wieder los und setzte mich. Las das Fernsehprogramm. Aber ich spürte weiter diesen Fischgeruch und öffnete das Fenster einen Spaltbreit. Ich brauchte Luft. Mir war übel.

Was ist denn das für Fisch, fragte ich.

Dorsch, antwortete sie. Ich habe Dorsch gekocht.

Ich nickte und begann den Tisch zu decken.

Was für Teller brauchen wir denn, fragte ich.

Flache, antwortete sie. Wir brauchen flache Teller.

Ich nickte und stellte flache Teller auf den Tisch. Ich legte Löffel daneben. Und stellte Gläser hin.

Wir brauchen Weingläser, sagte sie.

Ich nickte und räumte die Saftgläser wieder ab. Stellte stattdessen Weingläser hin.

Sie nahm Fischstücke aus dem Topf und tat sie auf die Teller.

Sie gab mir den Schwanz. Sich selbst legte sie den Kopf auf den Teller. Die Augen waren trübe.
Ich stand auf und legte die Löffel zurück in die Schublade. Stattdessen legte ich Gabeln und Messer neben die Teller.
Sie lächelte und gab mir ein Stück Weißbrot. Ich gab ihr meine Haut. Wir aßen schweigend.

Der Fischgeruch blieb. Er verschwand einfach nicht. Auch nicht am nächsten Tag. Ich spürte ihn schon im Treppenhaus. Ich roch ihn auf unserer Etage. In unserer Wohnung war er nahezu unerträglich. Sie war noch nicht zu Hause. Nur der Fischgeruch.
Ich legte meine Aktentasche in das Fach, das ich zu diesem Zweck in den Flur gebaut hatte, und zog den Pelzmantel aus. Auch er hat seinen Platz. Ein kleiner Messinghaken in zwei Meter Höhe. Neben dem Fach für die Aktentasche. Er war schon in der Wohnung, als wir eingezogen sind.
Der Fisch war aus der Küche verschwunden. Der Topf stand abgewaschen an seinem Platz über der Dunstabzugshaube. Ich sah im Abfall nach. Aber er war fast leer. Eine Bananenschale lag darin und ein zerrissener Brief ihrer Mutter. Sie musste ihn heute Morgen vor der Arbeit ausgeleert haben. Auch im Verpackungsmüll war der Fisch nicht. Der Fisch schien fort zu sein. Aber sein Geruch war noch da. Er hing an uns und unserer Wohnung.
Auf dem Küchentisch lag ein Zettel von ihr. Sie wäre fort. Ich solle nicht warten.
Ich zog mich aus und duschte. Aber es schien nicht zu helfen. Ich spürte, dass ich immer noch nach Fisch roch. Ich

überlegte kurz, die Wohnung auszubrennen. Auszuräuchern. Ich könnte die Sachen neu kaufen. Exakt dieselben Sachen. Wir hatten Geld. Käme sie erst später wieder, sie würde es kaum bemerken.

Doch es war bereits nach acht. Die Geschäfte hatten schon zu. Außerdem war ich müde.

Ich holte mir ein Bier aus dem Kühlschrank und setzte mich damit vor den ausgeschalteten Fernseher. Ich war noch immer nackt. Der Ledersessel klebte an meinem Rücken. Es war dunkel im Wohnzimmer. Der Geruch hier war erträglicher.

Ich holte meine Zigaretten aus dem Fach unter dem Fernseher.

Ich rauche nur abends. Ich habe es mir einfach so angewöhnt, als ich mit der Arbeit anfing. Ich habe keine Möglichkeit, dort zu rauchen. Wegen der Feuergefahr, die dort überall besteht. Mir bleibt also nichts anderes übrig, als es auf den Abend zu verlegen. Ich rauche dadurch nicht weniger. Ich hole nur nach.

Ich streifte meine Asche in den sauberen Aschenbecher vor mir.

Ich genieße es, dass in unserer Wohnung keine Feuergefahr besteht. Jedenfalls keine übermäßige. Ich arbeite in einer Strohmanufaktur. Wir stellen künstliches Stroh her. Es unterscheidet sich für den Normalverbraucher nicht von natürlichem Stroh. Aber es ist einfacher herzustellen. Teilweise liefern wir es so aus. Einen Teil davon verarbeiten wir weiter. Zu Strohsternen, Strohzöpfen und Strohkränzen. Es ist keine leichte Arbeit. Aber es ist eine sinnvolle Aufgabe.

Ich bin gelernter Chemiker und für die Herstellung des Strohs zuständig. Ich kontrolliere die Maschinen und entnehme immer wieder Proben des Strohs, um sie zu untersuchen. Zu sehen, ob sich die Werte verändern.

Ich blieb lange im dunklen Wohnzimmer sitzen. Rauchte und trank Bier, bis ich müde wurde. Dann ging ich zu Bett.

Sie war auch am nächsten Morgen noch nicht zurück. Ich machte mir keine Sorgen deswegen. Sie bleibt häufiger über Nacht weg. Wo sie dann ist, weiß ich nicht. Ich nehme an, dass sie Freunde hat.
Ich ging zur Arbeit. Es war warm draußen. Vögel sangen nicht, und die Stadt war noch leer. Ich mag es, wenn die Stadt leer ist. Die ganzen Menschen noch in ihren Häusern sind. Ich alleine sein kann in meiner Stadt. Die Straßen mir gehören.
Ich ging zu Fuß. Unterwegs sah ich, wie ein Mann nach einem Hund trat. Ansonsten traf ich niemanden. Die Welt war leer für mich an diesem Morgen.
Auf der Arbeit erzählte mir ein Kollege, dass er meine Frau gesehen hätte. Ich nickte und schlüpfte in meinen roten Overall. Prüfte die Kugelschreiber in der Brusttasche und begab mich zu den Maschinen. Kontrollierte die Anzeigen und verglich die Daten mit denen in meiner Liste. Dann schaltete ich die Maschinen ein. Es wurde sehr laut. Ich setzte mir die Ohrenschützer auf und begann auf das Laufband zu starren. Ab und zu entnahm ich Proben und kontrollierte sie. Sie waren in Ordnung. Alles verlief nach Plan.

Abends saß sie im Wohnzimmer. Sie stickte meinen Namen auf die kleinen Schilder in meiner Kleidung. Ich setzte mich neben sie und begann sie zu umarmen. Sie roch wie immer. Ich war froh darüber. Auch der Geruch in der Wohnung hatte nachgelassen.

Was machst du, fragte ich.

Ich sticke, antwortete sie. Ich sticke deinen Namen in deine Kleidung, damit wir wissen, wem was gehört.

Ich legte ihr meinen Mantel über die Beine und brachte die Aktentasche in das Fach im Flur. Dann setzte ich mich wieder neben sie.

Möchtest du fernsehen, fragte ich.

Ja, sagte sie. Ich möchte fernsehen. Es gibt einen Film.

Ich nickte und machte den Fernseher mit der Fernbedienung an. Der Film war in Farbe. Er spielte in Amerika.

Am nächsten Tag war alles wie immer. Sie hatte gelüftet. Es war kalt in der Wohnung, als ich abends nach Hause kam. Der Fischgeruch schien endgültig fort zu sein. Wir waren wieder alleine.

Wir aßen Brühe mit Brot. Man roch kaum etwas davon.

Wie war dein Tag, fragte sie.

Mein Tag war gut, sagte ich.

Sie nickte und löffelte weiter ihre Brühe.

Sie hatte sich ihre Haare dazu hochgesteckt. Sie steckt sich immer die Haare hoch, wenn es bei uns Suppe gibt. Ich mag es, wenn sie Suppe gemacht hat. Ich finde sie schöner, wenn sie sich die Haare hochgesteckt hat. Ich glaube, das weiß sie nicht.

Wir wuschen anschließend gemeinsam ab. Sie wusch ab. Ich trocknete ab und stellte das Geschirr weg. Wir hörten dabei Radio und verhielten uns ruhig. Ich wusste nicht, woran sie dachte. Ich dachte an meine Arbeit.
Es hatte heute Probleme gegeben. Eine der Maschinen war ausgefallen. Das war noch nie vorgekommen. Man war sehr aufgeregt gewesen wegen eines möglichen Kurzschlusses und der damit verbundenen Brandgefahr. Man hatte überlegt, die Fabrik zu räumen. Entschied sich dann aber doch dagegen wegen des enormen Produktionsausfalls. Später stellte sich heraus, dass es ein Defekt im Antrieb der Maschine gewesen war, der dazu geführt hatte, dass sie sich automatisch abschaltete. Man war beruhigt, als es sich aufgeklärt hatte. Morgen früh würde die Maschine wieder funktionstüchtig sein. Es würde alles wieder seinen gewohnten Gang gehen.

Wir machten das Licht in der Küche aus und setzten uns ins Wohnzimmer.
Sie sagte, jetzt machen wir es uns gemütlich, und zog an der Schnur der Stehlampe neben dem Sofa. Die Glühbirne ging an und gab ihr gelbes Licht an den Raum ab.
Jetzt ist es gemütlich, sagte ich.
Sie nickte und legte ihren Kopf an meine Schulter.

Wir saßen eine Weile so da und taten nichts. Wir genossen die Gemütlichkeit und warteten, dass wir ins Bett gehen konnten. Das Leben am nächsten Tag von vorne begann.

Florida

Wohin, fragt sie, obwohl sie gehen will, nicht ich. Sie die Jacke anhat, nicht ich.

Ich stehe im Flur und sehe ihr nur zu. Betrachte sie dabei, wie sie redet. Sich den Reißverschluss unters Kinn zieht. Sich den Kragen richtet. Blind einen karierten Schal von der Ablage über den türkisen Mänteln herunterholt. Ihn sich um den Hals bindet. Weiterhin blind.

Sie bohrt mir einen Zeigefinger durch meinen gerippten Pullover. Wohin, fragt sie noch einmal. Es soll streng klingen.

Dann eben Amerika, antworte ich.

Sie scheint zufrieden mit der Antwort zu sein. Sie lächelt sogar etwas. Dann eben Amerika, wiederholt sie, als hätte ich es nicht schon gesagt. Florida.

In Florida scheint die Sonne, sage ich.

In Florida ist es schön, sagt sie. Man trägt dort Bikinis ohne Oberteile.

Ich weiß, dass sie Recht hat. Wir haben es zusammen im Fernseher gesehen. Eine amerikanische Serie. Der Titel war Florida. Es ging um Florida. Es schien immer die Sonne. Es war immer schön. Man trug Bikinis ohne Oberteile. Die Serie lief immer erst abends deswegen. Nach zehn.

Ich sehe sie in Florida. Ich sehe sie am Strand. Die Sonne scheint. Es ist schön. Sie trägt ihren Bikini ohne Oberteil. Sie läuft am Strand entlang. Ihre weißen Brüste sehen nach Milchprodukten aus. Sie bewegen sich fast gar nicht. Sie sind zu klein, um sich zu bewegen. Sie müsste dazu springen. Aber man springt nicht in Florida. Man läuft nur am Strand entlang. Wenn die Sonne untergeht. In der Serie hatte man den Eindruck, dass die Sonne in Florida häufiger untergeht als sonst wo auf der Welt. Andauernd ging sie unter. Und blonde Frauen ohne Bikinioberteile liefen währenddessen am Strand entlang. Hinter ihnen war es orange. Sie waren braun. Ihre Brüste sahen nach Espresso aus. Sie bewegten sich. Selbst wenn sie standen, bewegten sie sich.

Sie passt nicht nach Florida. Sie ist zu weiß. Ihre Brüste zu klein. Ihre Haare zu kurz. Zu braun. Sie kann nur ein einziges Wort auf Amerikanisch. Das Wort ist Florida. Und selbst das kann sie nicht akzentfrei sagen.

Was willst du in Florida, frage ich.

Es schön haben, antwortet sie.

Hier hast du es doch schön, sage ich.

Sie nickt.

Die Dinge fangen an, rückwärts zu laufen. Sie löst den karierten Schal von ihrem Hals. Legt ihn über die türkisen Mäntel. Öffnet den Reißverschluss. Darunter die Glitzerschrift auf ihrem T-Shirt. Frauen tragen so etwas. Man kann das Florida kaum lesen. Es ist einfach zu dunkel hier.

Ich schalte das Licht an. Elektrisches Licht. Ich helfe ihr aus dem Mantel. Reiße ihn ihr vielmehr von den Schultern. Hänge ihn ordentlich auf. Ziehe sie zum Sofa. Küsse sie schmucklos. Überlasse dem Fernseher die Situation.

Die Musik ist laut. Braune Mädchen rennen am Strand entlang. Ihre Brüste bewegen sich aufdringlich. Der Schriftzug Florida erscheint. Die Musik wird noch lauter. Dann geht die Sonne unter.

Fragen fragen

Was können dir die anderen schon erzählen, wenn du sie fragst. Wieso fragst du immer sie. Wieso glaubst du ihnen mehr als mir. Wenn du mir überhaupt glaubst.
Ich bin in der Küche. Sie ist auch dort. Sie kann nicht an mir vorbei. Ich bin froh darüber. Unsere Küche ist zu schmal. Zwei Menschen kommen aneinander nicht vorbei, wenn sie nicht seitlich gehen. Ich stehe breitbeinig vor ihr. Sie krallt sich in das Spülbecken. Ihre Hände werden weiß dabei. Die Knöchel treten stark aus der Haut hervor. Sie sieht mich nicht an. Ihre Haare hängen vor ihrem Gesicht. Hängen fast im Spülbecken. Sie sagt nichts. Sie hat lange nichts mehr gesagt. Ich bin es gewesen, der gesprochen hat. Fragen gefragt hat. Sie hat geschwiegen.
Wieso antwortest du nicht.
Ich bemühe mich, nicht zu schreien. Aber es gelingt nicht richtig. Ich schreie. Es ist laut. Ich sehe, wie sie ein Zucken durchfährt. Und selbst ich erschrecke jetzt ein bisschen bei meiner Stimme. Sie hallt in der Küche zwischen den beigen Kacheln hin und her. Ich muss kurz an die Menschen denken. Über uns, unter uns und neben uns. Es ist schon spät. Sie werden uns hören können. Werden hören können, wie wir reden, oder wie wir nicht reden, oder wie ich rede.
Was ist mit dir, sage ich.
Meine Stimme ist ruhiger geworden. Ich habe darauf geachtet, dass sie nicht so hallt zwischen den Kacheln. Die Nachbarn mich nicht hören können. Mich morgen im Treppenhaus nicht so komisch ansehen, als wäre etwas. Als wäre irgendetwas. Aber es ist nichts. Sie macht nichts. Sie sieht einfach nur in das Spülbecken. Tut so, als gäbe es ein Spie-

gelbild darin. Blickt in die schwarzen Löcher des Ausgusses. Bis in den Knick, und sie sieht sich den Stöpsel an.

Ich sage ihren Namen.

Meine Stimme ist viel leiser geworden. Nur wir beide können sie jetzt noch hören. Sie hallt nicht mehr. Sie ist zu leise geworden. So leise, als ich noch einmal ihren Namen sage. Und ihre Hände bekommen wieder Farbe. Scheinen das Spülbecken nicht mehr so fest zu umklammern. Die Knöchel kehren ein Stück in ihre Haut zurück. Dann lösen sie sich ganz, um ihr Haar hinters Ohr zu streichen. Um ihr Gesicht wieder frei zu machen. Man kann jetzt ihr Profil sehen.

Sie dreht ihren Kopf zu mir. Und ich kann ihre Augen sehen. Sie sieht mich an, und ihre Pupillen flüchten immer wieder vor meinen. Flüchten auf den Fliesenboden für kurze Augenblicke. Dann sind sie wieder da, in meinen Augen. Immer etwas länger, bis sie nicht mehr zu Boden gleiten. In mir bleiben. Mich ansehen. Und um ihre Pupillen beginnt es zu glänzen. Ich kann mich darin sehen. Erkennen, weil es so glänzt und reflektiert.

Ich drücke ihren Kopf an meine Brust. Lege meine Lippen in ihr Haar. Rieche daran. Nehme den Duft in meine Lungen auf. Und ich denke an die Situationen, in denen ich das schon mal getan habe. Das Riechen an ihrem Haaransatz, und mir fallen einige Momente ein, in denen es so war. Und ich denke daran, dass ich fast vergessen hätte, wie ihre Haare riechen. Wie lange es schon her ist, dass ich daran gerochen habe. Und ich denke, dass ich das einfach häufiger tun müsste. Nicht immer nur, wenn sie weint. Nicht immer nur, wenn auch die Tränen da sind. Die glänzenden Tränen, die ich jetzt durch mein Hemd auf meiner Brust spüren kann. Sie sind warm.

Ich drücke sie fester an mich, und mein Gesicht noch weiter in ihr Haar hinein. Meine Lippen öffnen sich. Ich schmecke Strähnen in meinem Mund, und ich sauge etwas an ihnen. Lutsche daran und flüstere, so leise es eben geht. So leise, dass ich es gerade noch hören kann, ich liebe dich.

Ich weiß nicht, wie lange wir noch so in der Küche stehen. Aber ich kann sie nicht loslassen. Sie ist eng an mich gepresst. Und es gibt nur noch das Warten. Warten, dass etwas aufhört. Warten, dass die Nacht aufhört. Der Tag anbricht und mit ihm auch die Stimmen wiederkommen und das Leben weiterzugehen scheint.

God Save The Queen

Sie hat die Fahne von England auf ihrer Unterhose. Sie sagt, Union Jack, und zieht dabei Schallplatten aus einem Regal. Ich liege auf ihrem Bett. Auf einem schwarzen Spannbetttuch. Meine Lederschuhe stehen im Flur. Ein rot gestrichener Flur, in dem goldene Lampen brennen. Es riecht dort nach Majoran. Ein Geruch, der in ihrem Zimmer aufzuhören scheint. Als wäre die Welt hier eine andere als da draußen. Ich bin auf Strümpfen durchs Zimmer gelaufen. Karierte Strümpfe, ein Holzfußboden. Sie war schon in Unterhosen, als ich gekommen bin. Draußen ist es heiß. Sie trägt Badelatschen, die Geräusche machen.

In ihrem Zimmer sind kleine Bilder mit Stecknadeln an den Wänden befestigt. Die Wände sind tapeziert. Sind weder weiß noch gelb. Es ist etwas dazwischen. Auf den Bildern sind englische Bands abgebildet. Sie sind schwarz-weiß. Clash. Sham. Damned.

Irgendwo über ihrem Bett hängt Sid Vicious. Seine weiße Brust ist zerschnitten. In schwarzem Rot.

Vicious, sage ich.

Sie sieht mich kurz an. Nickt. Tut, als würde es sie nicht interessieren. Tut, als würde ich sie nicht interessieren. Sie zieht weiter Schallplatten aus dem Regal.

Irgendwann scheint sie dann die richtige gefunden zu haben. Sie balanciert sie auf ihren Fingerspitzen, und mir fällt auf, dass sie keinen Schmuck mehr trägt. Wenig später höre ich es knacken. Gitarren beginnen. Es fiept.

Sie legt sich neben mich. Das Bett beginnt zu schaukeln. Ich kann die Sprungfedern unter uns hören. Ein Quietschen wie von alten Möbeln, alten Maschinen. Ich denke an Sicherheitsnadeln und weiß nicht, warum. Es geschieht einfach so. Ist auf einmal da und hört nicht mehr auf. Die Nadeln sind da und stecken in den roten Wänden meines Kopfs. Als wären Bilder mit ihnen daran befestigt. Vicious. Clash. Damned. Dann wird es draußen dunkler. Ich beginne unter ihr zu verschwinden. Schließe die Augen. Die Luft ist abgestanden.
Ich stehe in dem roten Zimmer und betrachte die Fotos an den Wänden. Fotos, die ich damals daran befestigt habe. Es ist alles so lange her. Von außen dringt die Musik. Hier drinnen ist es leiser. Viel leiser. Es ist fast schwarz. Nur an den Seiten dringt etwas weißes Licht hindurch.
Sie hat mich an sich gepresst, an ihre Brust. Ich kann ihr Kinn auf meinem Kopf spüren. Es drückt dort. Hält mich unter ihr. Verhindert, dass ich sie ansehen kann. Ich weiß nicht, was sie gerade tut. Außer mich festzuhalten. Ob sie die Augen geöffnet oder geschlossen hat. Ich komme mir alleine vor.

Irgendwann hört alles auf. Ein Kratzen bleibt am Ende. Der Geruch ist kaum noch wahrnehmbar. Ich bin einfach zu lange in ihm gewesen. Ich möchte wieder hinaus. Ans Licht.

Ich entziehe mich. Drücke mich aus ihr heraus. Das Licht. Ihr Gesicht. Ihre Augen wie AuToräder, die Wimpern wie Gondeln. Ich höre auf hineinzusehen. Mir wird schlecht davon. Es wackelt einfach zu sehr.

Wir sollten aufhören damit, sagt sie.
Ja, sage ich. Wir sollten wirklich aufhören damit.

Ich schiebe meine Hand unter die Fahne. Fürs Vaterland. Sie dreht an meinen Brustwarzen, als würde sie Marmeladengläser öffnen. In ihrem Mund riecht es nach Erde. Um uns kratzt es an den Wänden. Und es kommt mir so vor, als wenn es still ist.

Wenig später hören die Gerüche wieder auf. Wir ahmen das Kratzen nach. Das Reiben.

Es war schön, sage ich.
Ja, sagt sie. Früher.
Ja, sage ich.

Ich stehe nackt in Majoranfeldern. Sie blühen rot um mich herum auf dem Weg aus ihrem Zimmer. Das Kratzen hört auf. Ein Klavier spielt. Im Flur haben die Fotografien Farbe bekommen. Aus der Küche zieht es. Zwei Männer sitzen schweigend dort und schneiden Haare. Es summt in ihren Händen.

Das Klavier hat noch nicht aufgehört, als ich zurückkomme. Ich schließe die Tür hinter mir. Wir liegen nackt nebeneinander und rauchen nicht. Wir haben oft so nebeneinander gelegen. Früher. Wir hatten Namen dafür.

Draußen gibt es Vögel. Die Vögel sind Tauben. Sie machen keine Geräusche. Sie picken sich Milben aus dem grauen Gefieder. Sie sitzen vor dem Fenster. Auf dem Sims. Sie sehen uns nicht. Sie sind Tauben. Wenn Tauben Geräusche machen, gurren sie. Es klingt manchmal, als würde wer weinen. Im Flur. Schluchzen. Hinter den Wänden. Die Tauben sind grau. Schwarz und Weiß werden Grau von weiter weg. Und die Fahne Englands ist so bunt in alledem. Sie weht auf halbmast, wenn wer stirbt.

Queen Mum is dead, sage ich.
Ja, sagt sie. Sie ist endlich tot.

Hanseatische Gastlichkeit

Wir trafen uns in Hotels. Freitags und dienstags. In ihrer Mittagspause. Sie hieß Marianne. Ihre Arbeit bestand darin, Telefonanrufe entgegenzunehmen. Freundlich zu sein. Bestimmt. Die Menschen, für die sie arbeitete, wollten nicht gestört werden. Sie hatten wichtigere Dinge zu tun. Was genau, das wussten die wenigsten. Selbst Marianne wusste es nicht so genau. Sie sagte, dass sie denken würde, dass es etwas mit Atomen zu tun hätte. Oder mit Biochemie. Das waren die wichtigsten Dinge, die ihr einfielen, die getan werden mussten. Sie fand das geheimnisvoll.

Es ist Freitag. Wir sind in einem Hotelzimmer. Wir stehen in der Mitte des Zimmers. Es ist hell hier. In den Ecken ist es dunkel. Das Doppelbett steht in einer Ecke. Wir zögern es eine Weile hinaus, bis wir dorthin gehen. Wir bleiben noch ein wenig in der Mitte. Stehen auf dem roten Teppich. Mit Vögeln aus dem Paradies darauf.
Ich schließe die Augen. Sie will es so. Ich stelle mir etwas vor. Verdränge die Wirklichkeit. Wir stehen in einem Moorgebiet. Einem Sumpf. Bis zu den Oberschenkeln stecken wir drin. Wir beginnen darin zu versinken. Es gibt Geräusche dabei. Es klingt unanständig. Es ist warm an der Haut. Blasen entstehen an der Oberfläche. Wir verdrängen die Luft aus der braunen Masse. Luft, die uns später zum Atmen fehlen wird.

Ich öffne die Augen wieder. Ich bin wieder in der Wirklichkeit. Ich bin wieder nackt. Auf dem Teppich. Die Vögel unter meinen Füßen wie totgetreten.

Marianne liegt auf dem Bett. Es macht keine Geräusche. Marianne bildet Dreiecke. Ich bin ein Strich. Ich gehe zu ihr. Lege mich auf sie. Bewege mich, bis ich in sie hineinpasse. Als ich feststecke, schließe ich die Augen wieder. Ich bewege mich. Dabei denke ich an Filme mit braunen Mädchen aus Übersee.

Uh, sagt Marianne. Sie stößt mich von sich runter. Verschwindet im Badezimmer. Ich höre wenig später Wasser rauschen. Ich weiß, was sie tut.
Ich bleibe nackt im Bett liegen. Decke mich zu. Blättere in dem Hotelprospekt, der auf dem Nachttisch liegt.

Das Hotel liegt auf dem höchsten Punkt einer ins Meer ragenden Landzunge, sodass die meisten komfortabel und geschmackvoll eingerichteten Zimmer und Suiten einen überwältigenden Blick auf Insel und Meer bieten. Sobald man das Haus betritt, spürt man die Atmosphäre hanseatischer Gastlichkeit, in der man sich von Anfang an gleich wie zu Hause fühlt. Die Gästezimmer und Komfort-Appartements vereinigen Großzügigkeit und Liebe zum Detail. Die edlen Materialien, eleganten Formen und Farben der Inneneinrichtung wurden exklusiv für das Hotel entworfen und verleihen allen Zimmern und Appartements einen ganz persönlichen und individuellen Charme. Niveauvolle Wohnkultur, die im Einklang von edlem Ambiente und gästeorientiertem Service steht, lässt keine Wünsche offen. Alle Zimmer und Komfort-Appartements verfügen über einen großzügigen Eingangsbereich mit eingebauter Pantry, Garderobe und

Einbauschränken. Der geräumige Wohnbereich ist mit TV inklusive Radio, Telefon, Internetzugang, Zimmersafe und stilvoller Möblierung eingerichtet. Das luxuriöse Bad mit Duschkabine oder Wanne enthält einen großzügigen Granitwaschtisch, Föhn, Kosmetikspiegel, Seifenspender und vieles mehr.

Marianne kommt aus dem Bad zurück. Ihr Gesicht ist weiß. Sie setzt sich auf die Bettkante und zieht sich langsam an. Beim Anziehen lässt sie sich immer Zeit.
Ich sehe ihr nicht gerne dabei zu. Es hat nichts Magisches. Nichts, was auf mich anziehend wirken würde, mich erregen könnte. Es ist einfach nur ein Vorgang. Eine nackte Frau zieht sich an. Ein Mann rückt einen Schrank zur Seite. Ein Fenster wird geöffnet. Das Meer bewegt sich vor und zurück.
Ich betrachte Mariannes nackten Rücken. Die braunen und roten Punkte darauf. Ich schließe ihren BH. Ziehe den Reißverschluss ihres Kleides nach oben. Helfe ihr mit dem Verschluss ihrer türkisfarbenen Walnusskette. Anschließend verschwindet sie wieder im Bad. Und auch diesmal weiß ich, was sie tut. Ihr Gesicht gewinnt an Farbe.

Als sie wiederkommt, ist ihr Mund rot. Ihre Augen sind blau. Sie ist braun gebrannt und lächelt.
Schönes Wochenende, sagt sie.
Schönes Wochenende, sage ich.
Bis Dienstag, sagt sie.
Bis Dienstag, sage ich.

Ciao, sagt sie.

Ciao, sage ich.

Sie verschwindet aus dem Zimmer. Ich höre sie noch für einen Moment auf dem Gang. Mit dem Geräusch des Fahrstuhls verschwindet sie. Und draußen ist die Brandung da. Schlägt an die Zunge. Leckt daran. Ich kann es jetzt hören.

In ihren Haaren

Manchmal denke ich, dass in ihrem Haar der Tod ist. Dass er dort lebt, lungert, wartet. Bis wer hineingerät in ihre langen, braunen Haare. Hineingezogen wird in die Welt darunter. Dort, wo nichts mehr wächst. Dort, wo es nur noch pocht, wenn sie an mich denkt.
Ich ersticke fast in ihren Haaren. Ein Geruch von Stickstoffbasen. Ich stecke tief darin. Habe Mühe, mich dort zu bewegen. Ich erstarre darin. Erfriere.
In ihren Haaren ist es ruhig. In ihren Haaren ist die Stille. Es ist darin wie in einem Tal. Einem Tal, in dem es nichts gibt, außer den Bergen drum herum. Den Bergen, die das Tal machen. Hier in ihrem Haar.
Ich bin gerne in ihren Haaren. Ich bin oft in ihren Haaren. Weil es dort so anders ist. Weil es dort keine Wirklichkeit mehr gibt. Jedenfalls keine wirkliche.
Ich werde so ruhig in ihren Haaren. Muss mich auf das Atmen konzentrieren. Muss aufpassen, nicht zu schnell zu atmen, um nicht zu schnell bewusstlos zu werden. Nicht zu schnell wieder hinauszumüssen. Zurück in die Welt, die draußen auf mich wartet.
Ich weiß nicht, ob sie es mag, wenn ich in ihren Haaren bin. Ich tue es nur, wenn sie schläft. Wenn sie ruhig atmet und ich alleine bin mit ihren Haaren. Nichts sagen muss. Sie keine Fragen stellen kann.
Ich bin im Dunkeln in ihren Haaren. Und bin dann im Dunkel ihrer Haare und kann nicht genau sagen, was dunkler ist. Ihr Haar oder die Nacht in unserem Schlafzimmer. Beides zusammengenommen ergibt Schwarz. Ein tiefes Schwarz, das wie ein Zimmer wirkt. Ein Raum, der nicht wirklich

existiert. Den man sich erschaffen hat zwischen Außen und Innen, zwischen Groß- und Kleinhirn.

Ich weiß nicht, wie lange ich immer in ihr bin. Wie lange ich in ihrem Haar bin. Darin gibt es keine Zeit. Die Verbindungen nach außen reißen ab. Brechen ab wie ihre Spitzen. Ich erwache erst wieder, kurz bevor es zu spät ist. Kurz bevor ich alles zu verlieren scheine. Das Haar mir über den Kopf zu steigen beginnt. Ich verwachse.

Ich beginne dann, mich wieder nach draußen zu wühlen. Das Haar zu entknoten. Es aus den Löchern in meinem Kopf zu ziehen, die losen Strähnen aus meinem Mund. Ich lege alles wieder ordentlich zurück. Neben ihren Kopf. Auf das Kissen. Forme es zu einem großen Stern. Wie sie es gerne hat.

Japanerinnen

Japanerinnen sehen immer so traurig aus. Das mag ich. Sie erinnern mich an Regen und an die Fotografien aus Tokio, die meine Mutter in mein Zimmer gehängt hat. Und an kalten Fisch, den man zusammenrollen muss, damit er hält.
Ich würde mir gern einmal Japanerinnen in echt angucken. Aber dazu müsste ich nach Japan fliegen, und dafür habe ich kein Geld. Ich habe ein sehr kostspieliges Hobby. Ich erschieße große Tiere, die ich vorher kaufe. Das kostet viel Geld. Große Tiere sind sehr teuer, weil sie a) sehr groß sind und weil es b) ziemlich illegal ist, große Tiere zu erschießen. Man kauft große Tiere von zwielichtigen Menschen, die sich die Hände tätowieren lassen. Und das ist teuer, weil man auch oft betrogen wird. Also kann ich nicht nach Japan fliegen. Ich bin auf die Gastarbeiterinnen hier bei uns in Hamburg angewiesen. Viele sind es nicht. Die meisten arbeiten in den chinesischen Imbissen bei mir um die Ecke und tun so, als wären sie Chinesinnen. Aber mir können sie nichts vormachen. Ich habe ihr Spiel sofort durchschaut. Ich erkenne es an ihren Augen. Chinesinnen haben ganz andere Augen. Außerdem sehen sie nicht traurig aus, sondern devot. Und das ist was ganz anderes. Das hat was mit Sex zu tun, und dafür interessiere ich mich nicht so.
Ich habe den falschen Chinesinnen gesagt, dass ich weiß, dass sie Japanerinnen sind. Sie waren ganz schön erschrocken und haben komisch geguckt. Wie Japanerinnen halt so sind. Und ich habe auch noch ganz fies gegrinst, und da haben sie noch komischer geguckt und gedacht, dass ich sie jetzt abschieben lassen würde. Und dann habe ich gesagt, dass man das auch anders regeln könnte. Und da haben sie

dann an Sex gedacht, obwohl sie keine wirklichen Chinesinnen sind. Aber ich habe ihnen gesagt, dass ich mich dafür nicht so interessiere, und seitdem kann ich mir jeden Tag etwas zu essen im Wert von sieben Euro bei ihnen aussuchen. Nur nett sind sie jetzt nicht mehr zu mir. Aber das ist mir egal. Ich mag sie mir trotzdem gerne ansehen. Wie die immer gucken. So traurig, dass ich manchmal ganz depressiv werde. Einmal musste ich sogar weinen. Da bin ich lieber schnell rausgerannt und habe mir das Essen einpacken lassen. Das müssen die ja nun nicht sehen. Diese komischen Japanerinnen.

jenseits des zentrums

Sie lebt in einem kleinen Zimmer jenseits der Stadt. Jenseits der Dinge, denke ich manchmal auf dem Weg zu ihr. Ich lebe im Zentrum, und von da ist es ein ganz schönes Stück weit entfernt. Ich bin fast eine Stunde zu ihr unterwegs. Aber das macht mir nichts. Ich mag es sogar ganz gern. Es ist schön, etwas Zeit zu haben auf dem Weg zu ihr. Die Dinge hier im Zentrum zurückzulassen. Ärgerlich ist es nur, wenn sie nicht da ist.
Ich warte dann auf sie. Rolle mich auf der Fußmatte zusammen wie ein Embryo. Wird es Nacht, decke ich mich mit meinem silbernen Damenfahrrad zu. Betrachte die Sterne von unten. Beobachte sie. Beim Auftauchen, beim Verschwinden. Ich mache mir dann Gedanken und Sorgen.
Es ist so ein Moment in der Nacht gewesen, unter meinem Fahrrad, in dem ich mit dem Gedichteschreiben angefangen habe. Anfangs nur, um mir die Zeit zu vertreiben, bis sie wiederkommt. Aber inzwischen habe ich immer mehr Ehrgeiz dabei entwickelt und arbeite derzeit an meinem ersten Lyrikband. Er soll *jenseits des zentrums* heißen, und alles soll klein geschrieben sein. Keine schlechte Idee, finde ich.
In der letzten Zeit bin ich anfangs fast immer etwas enttäuscht, wenn sie da ist. Einmal habe ich sogar überlegt, ob ich überhaupt klingeln soll. Ich habe es aber dann doch getan. Ich mag sie schließlich schon lieber als das blöde Gedichteschreiben.

Das alles ist jetzt Jahre her. Ich bin mittlerweile ein großer Lyriker geworden. Wir haben geheiratet, und ich bin zu ihr gezogen. Tolle Geschichte, nicht.

Joghurt mit Zucker – eine superesoterische Geschichte

Manchmal ist es wie auf einem Schiff zu leben. Ständig daran denken zu müssen, dass es jederzeit untergehen kann. Die Angst ist immer da, sagt sie. Dabei knetet sie meine Hände wie eine Zigeunerin.

Mir ist das unangenehm. Was denkt die denn, wer sie ist. Wir sind doch hier in keinem Philosophieseminar. Ich bin nur hier, um mir Zucker auszuleihen. Weil ich Joghurt ohne Zucker nicht esse. Und weil ich gerne Joghurt esse und es auch heute tun möchte. Am liebsten jetzt, um genau zu sein. Und zwar drüben bei mir und nicht hier, während sie meine Hände knetet und so einen Mist erzählt.

Sie ist meine Nachbarin, und ich kenne sie nicht wirklich. Ich kenne sie eigentlich gar nicht. Ich bin nur manchmal bei ihr, um mir Dinge auszuleihen, die ich mir nicht kaufen will. Weil ich das Geld lieber für etwas anderes spare. Etwas Sinnvolleres.

Sie ist sonst immer ganz normal gewesen. Hat mir die Dinge gegeben und nicht viel gesagt. Sicher, ich habe danke gesagt, und sie hat bitte gesagt, und manchmal haben wir noch übers Wetter geredet. Aber das wars dann auch schon. Sie hat nicht annähernd so komische Sachen erzählt wie heute.

Aber heute ist alles anders. Ich hatte schon so ein ungutes Gefühl, als ich zu ihr rübergegangen bin. Ich weiß nicht, was es gewesen ist. Kurz habe ich sogar überlegt, wieder umzudrehen und mich in der Dunkelheit meiner Wohnung zu vergraben. Aber da ist es schon zu spät gewesen. Sie stand in der Tür. Ich habe Zucker gesagt. Und sie hat gesagt, ich solle doch kurz mal reinkommen, sie hätte mir etwas Wichtiges zu sagen.

Ich bin noch nie in ihrer Wohnung gewesen, geschweige denn in ihrer Küche. Sonst bleibe ich immer an der Tür stehen, und sie holt die Dinge, nach denen ich verlange, von irgendwoher aus ihrer Wohnung. Ich sage danke. Sie sagt bitte. Und gut ist.

Sicher, ich kenne ihren Flur vom Sehen, und der ist schon ein bisschen merkwürdig. Sie hat die Tapete abgerissen. Jedenfalls so gut es eben ging. Es scheint nicht so gut gegangen zu sein. Das meiste davon klebt noch in gelbbraunen Resten an den Wänden. Oben an der Decke hängt eine Tiffanylampe in Violetttönen. Wenn sie angeschaltet ist, kann man die Bilder im Flur sehen. Ich vermute, dass sie sie selbst gemalt hat. Sie sehen so aus, als hätte sie versucht, Aquarellbilder mit handelsüblichen Wasserfarben nachzuahmen. Die Bilder wellen sich stark und sehen auch sonst sehr blass aus. Man nimmt sie kaum wahr, wenn das Licht nicht angeschaltet ist.

Und nun hat sie mich an meinen Händen durch diesen Flur gezogen. Durch einen türkisen Perlenvorhang, der laut an meinen Ohren zu klimpern angefangen hat, als wir durch ihn hindurch in die Küche gegangen sind. Und habe ich den Flur bislang für merkwürdig gehalten, so bin ich ein kleines, naives Bübchen gewesen. Im Vergleich zur Küche sieht der Flur aus wie der meiner Eltern. Dass ich überhaupt von Küche spreche, rührt nur daher, dass ich nicht weiß, was ich sonst dazu sagen sollte. Außerdem muss ihre Wohnung genauso geschnitten sein wie meine, und in meiner Wohnung ist an dieser Stelle eine Küche.

An den Wänden und der Decke hat sie gebatikte Bettlaken

aufgehängt, und auch vor dem Fenster. Jedenfalls ist bei mir an dieser Stelle ein Fenster. Bei ihr ist da nichts. Es ist stockdunkel an der Stelle, wo normalerweise ein Fenster sein sollte. Weil die Architekten das so geplant haben. Damit man was sieht vom Leben und nicht depressiv wird und sich umbringt. Aber bei ihr kommt das einzige Licht von den Kerzen, die auf dem Boden stehen. Davor liegen Kissen und Matratzen, auf die wir uns gesetzt haben.

So leben Sie also, habe ich gestammelt und so getan, als wäre es nett gemeint. Aber das war es natürlich nicht. Am liebsten hätte ich den verdammten Zucker genommen, ihr ein paar in die Fresse gehauen und wäre dann verschwunden. Aber dafür ist es schon zu spät gewesen. Wir haben bereits auf den Kissen in der muffig riechenden Küche Platz genommen, und sie hat angefangen, meine Hände zu kneten. Dabei hat sie mich lange angesehen und dann den Quatsch erzählt.

Kann ich jetzt gehen, frage ich.
Nein, sagt sie, ich solle ruhig sein.
Und ich bin ruhig und hoffe, dass es schnell wieder vorbei ist. Ich endlich meinen Joghurt essen kann. Kurz habe ich überlegt, in Zukunft meinen Joghurt ohne Zucker zu essen, auch wegen der Zähne. Aber das mag ich eigentlich nicht so. Weil es dann so sauer ist, dass sich das Gesicht zusammenzieht und man so komisch aussieht. Aber von ihr werde ich nie wieder Zucker leihen. Von der alten Zigeunerschlampe. Tschuldigung, von der alten SintiundRomaschlampe.
Zieh dich aus, ich will deinen Körper rein waschen, sagt sie und hört nicht auf, meine Hände festzuhalten.

Sie wollen was, frage ich leise.
Deinen Körper rein waschen, sagt sie. Nun mach schon.
Nein, sage ich, ich zieh mich nicht aus. Wir kennen uns doch gar nicht. Und selbst wenn.
Sie sieht mich böse an. Sie sieht mich verdammt böse an. Verdammt sehr, sehr böse. Oh Mann, wie böse sie mich ansieht. So böse hat mich, glaube ich, noch nie jemand angesehen. Noch nicht mal meine Eltern. Oder meine Exfrau. Niemand hat mich jemals so böse angesehen. So diobalisch böse.
Diabolisch. Man sagt diabolisch, verbessert sie meine Gedanken, als könne sie sie lesen.
So diabolisch böse dann eben, denke ich. Mann, wie diabolisch böse sie mich ansieht.
Dann müssen Sie meine Hände loslassen, sage ich leise.
Nein, sagt sie, das tue ich nicht, und drückt nur immer noch weiter zu.
Es fängt an wehzutun. Richtig wehzutun. Irgendwann kann ich es knacken hören. Der Schmerz nimmt mit dem Knacken ab, während das Knacken zunimmt. Es knackt immer stärker. Ich sehe meine Hände in ihren an. Sie zerdrückt sie wie halbe Hähnchen. Knochen kommen durch die Haut durch. Mein Blut läuft ihr über die Hände. Tropft in eine kleine Schale mit Verzierungen, die darunter steht.
Hören Sie auf, höre ich mich sagen, ohne genau zu wissen, ob ich das jetzt gesagt oder nur gedacht habe. Hören Sie auf.
Aber sie drückt immer nur weiter zu. Bis das, was mal meine Hände gewesen sind, nur noch so aussieht wie Ungebratenes vom türkischen Schnellimbiss bei uns um die Ecke.

Ich muss mich übergeben bei dem Anblick. Dabei würde ich gerne meine Hände vor den Mund halten. Aber ich habe ja gar keine Hände mehr. Ich kotze einfach so in die Luft. Erbreche mein Inneres in die kleine Schale, in der auch schon mein Blut ist.

Sie sieht mich komisch an dabei. Dann lacht sie schmutzig und schneidet mir den Kopf ab. Einfach so. Ohne Vorwarnung. Zack, und ab ist er.

Was dann passiert, weiß ich nicht mehr so genau, weil alles Wichtige in meinem Kopf ist, und den hat sie jetzt. Ich habe nur so eine Ahnung. Sie wird wahrscheinlich mein ganzes Blut in kleinen Schalen mit Verzierungen sammeln und mir anschließend die Knochen aus dem Körper nehmen. Aus mir so etwas wie eine Art Schrumpfkopf machen. Einen Schrumpfkopf am ganzen Körper.

Aber das sind natürlich nur Spekulationen. Genau sagen kann das keiner. Nur sie vielleicht.

Warum ich das jetzt denke. Warum ich überhaupt noch denke ohne Kopf. Wie ich diese Geschichte noch aufschreiben kann, das alles weiß ich auch nicht so genau. Vermutlich ist es so etwas wie eine Eingebung. Weibliche Intuition. Oder Esoterik. Ja, Esoterik. Wahrscheinlich ist es einfach nur Esoterik. Das ist die Lösung. Esoterik ist die Lösung.

kaputtgegangen

Sie sagt, ich glaube, da ist etwas kaputtgegangen. Sie liegt auf dem Boden. Er steht über ihr. Ihr Gesicht ist geschwollen. Ist einfach ein Stückchen größer geworden, da unten auf dem Boden. Es hat ein Knacken gegeben. Ein lautes Knacken. Aber da war sie schon auf dem Boden, und er stand über ihr.
Jetzt beginnt sie zu schreien und hält sich den Arm. Ihren dünnen Arm. Ihren dünnen, weißen Arm, und Tränen laufen ihr über das geschwollene Gesicht. Dicke Tränen, aber sie blutet nicht. Nicht aus der Nase und nicht aus dem Mund. Da sind nur die Tränen, und sie hält sich weiter den Arm, und er lässt seinen Arm sinken. Lässt ihn an sich runterhängen, als gäbe es kein Gefühl mehr darin. Lässt ihn etwas schaukeln. Wie im Luftzug. Die Luft, als sie schreit.
Er starrt sie weiter an. Ihr dickes Gesicht, unter dem sie hervorblickt, als wäre es nicht ihrs. Als wäre es ein fremdes Gesicht, das man ihr über ihr eigenes gezogen hat. Ein gepolstertes Gesicht. Mit Watte gefüllt, unter dem sie noch einmal schreit. Und fast klingt auch das gedämpft. Durch die Watte oder was auch immer darin ist. Vielleicht sind es Sägespäne wie in Puppen.
Sie versucht jetzt wieder aufzustehen. Probiert sich mit dem Arm, der vorher noch den kaputten Arm gehalten hat, an dem Stuhl, der da steht, hochzuziehen. Hoch zu ihm. An die Oberfläche. An die Luft, unter dem Gesicht hervor. Aber sie rutscht immer wieder ab. Fällt wieder und wieder zu Boden. Immer wieder auf den kaputten Arm. Aber es knackt nicht mehr dabei. Es scheint nur einmal zu knacken, und dann ist es gut.

Hilf mir doch, sagt sie, schreit sie. Er weiß nicht. Sein Arm schaukelt nur, der Luftzug. Es ist zu viel Luft hier. Im Zimmer, in ihr, denkt er. Aber er macht nichts. Schaut nur weiter ihr riesiges Gesicht an, das ihm jetzt noch größer vorkommt. Als würde es noch weiterwachsen. Immer weiter, bis es bald nicht mehr hier reinpasst. In das Zimmer. Ihn an die Wand drückt. Aus der Tür drückt, auf die Straße. Und er denkt, dass das vielleicht nicht das Schlechteste wäre. Weg von hier und ihr mit dem großen Gesicht. Zu Menschen mit normalen Gesichtern, nicht mit solchen Puppenköpfen.

Jetzt beginnt sie auch noch zu wimmern. Von unten nach oben, an sein Ohr wimmert sie. Und er steht nur da mit seinem Arm und sieht ihr zu beim Wimmern. Weiß nicht, wie es weitergeht. Wie das Wimmern wieder weggeht. Es sieht nicht so aus, als würde es jemals wieder weggehen. Sie weint und weint und wimmert. Wegen dem Arm, ihrem Arm und seinem Arm. Seiner schaukelt, ihrer bricht. Was wohl schlimmer ist, denkt er. Was ist schon schlimmer als schaukeln.

Sie fasst seine Beine an. Zieht sich an seiner Hose hoch. Kommt auf die Knie. Kniet vor ihm. Blickt ihn von unten an. Wimmert und wimmert immer wieder. Wimmerweib. Mit einem Arm zieht sie sich hoch. Der andere schaukelt jetzt auch, wie seiner. Schaukelt bei jeder Bewegung vor und zurück, vor und zurück. Sie zieht sich weiter hoch, bis sie auf die Füße kommt, bis sie steht. Ihr Arm hängt, und er denkt, wie tot ist der.

Sie geht an ihm vorbei. Der Arm hinterher. Schlägt fast gegen den Türrahmen, und sie wimmert noch einmal kurz. Wimmer, wimmer, ist dann im Flur mit dem Arm und dem Gewimmer. Ist am Telefon. Er hört die Wählscheibe, langsam vorlaufen und schnell zurück. Dreimal, Stille. Ihre Stimme. Wimmert jetzt nicht mehr, spricht und spricht und spricht, und wieder der Telefonhörer. Aber sie kommt nicht wieder. Sie kommt nie wieder, denkt er und blickt an sich hinunter. Sieht sich seinen Arm an, der neben ihm hängt. Und alles nur wegen einem Arm, denkt er, ein einzelner Arm.

Und dann setzen die Stimmen ein. Sie sind um ihn herum, nehmen seine Arme. Es geht Treppen hinab. Seine Arme dicht hinter ihm. Ihr Gewimmer nimmt ab. Wimmert weiter oben, und geht weg. Runter, es geht in die Nacht und in Metall. Und dann ist es fort. Er kann seine Arme wieder spüren. In seinem Rücken. Er lehnt an ihnen, und sie lehnen an dem Fellbezug. Er spürt das Fell auf der Haut. Es ist angenehm. Und warm. So schön warm.

Katzenkrätze

Es juckt. Ihre Katze macht mir Allergien. Aber das akzeptiert sie nicht. Ich muss ständig die Katze anfassen. Sonst macht sie Schluss, sagt sie. Ich weiß nicht, wie lange ich das noch aushalten kann. Meine Haut ist rot. Sie schuppt. Sie juckt. Meine Augen tränen. Sie sind geschwollen. Gerötet.
Ich habe oft versucht, mit ihr darüber zu reden. Ihr zu sagen, dass ich ihre Katze nicht berühren kann. Auch wenn ich sie mag. Sie und ihre Katze. Aber sie sagt, uns gibt es nur im Doppelpack. Danach lacht sie so komisch, dass ich Angst bekomme, und sagt, los, fass die Katze an. Sonst mach ich Schluss.
Was soll ich schon tun. Ich will nicht, dass sie Schluss macht. Ich streichel die Katze. Etwas später geht es dann auch schon los. Meine Haut wird rot. Meine Augen feucht. Und ich kratze und kratze und kratze. Bekomme Striemen davon. Narben. Es blutet.

Wir sind jetzt seit drei Jahren zusammen, und in dieser Zeit ist es nicht besser geworden mit meiner Allergie. Eher im Gegenteil. Mein Arzt hat mich neulich ernstlich gewarnt. Die ständigen Reizungen, das wäre nicht gut für einen so jungen Körper wie meinen. Ich müsse aufpassen. Dabei hat er seine Brille ein Stückchen auf die Nase gezogen und mich darüber hinweg sehr, sehr ernst angesehen.
Ich habe mich eine Weile nicht mit ihr getroffen. Habe mir Ausreden einfallen lassen. Meine Haut hat sich währenddessen ein wenig erholt. Das Tränen meiner Augen hat nachgelassen. Selbst der Juckreiz ist nach einem Tag verschwunden gewesen. Kurze Zeit fühlte ich mich normal. Es

wäre angenehm gewesen, wenn ich sie nur nicht so vermisst hätte.

Nach zwei Wochen habe ich es nicht mehr ausgehalten. Ich musste sie einfach sehen. Ich bin zu ihr gefahren, und sie hat sich gefreut. Sie hat gelacht. Geschrien, Muschi, guck mal, wer da ist. Anschließend hat sie die Katze nach mir geworfen. Ich musste sie wieder streicheln. Ja, diesmal musste ich sie mir sogar auf den Bauch und das Gesicht legen. An ihren Zitzen saugen. Sie hat gesagt, weil wir uns so lange nicht gesehen hätten. Und sie meinte nicht uns, sondern mich und Muschi.

Ich bin wieder rot geworden. Bekam große Pusteln in meinem Gesicht, und ich habe kratzen müssen. Das Blut lief mir in den Ausschnitt meines Polohemdes. Meine Augen schwollen an. Ich sah nur noch wie unter Wasser. Hören konnte ich ihre Stimme. Sie lachte und schrie. Muschi kratzte an meinen Beinen.

Ich hätte es ohne sie nicht ausgehalten. Ich muss Opfer bringen. Gesundheitlich geht es mir nicht besonders gut. Mein Zustand hat sich verschlechtert. Die meiste Zeit lebe ich in einem Sauerstoffzelt, das wir auf dem Dachboden aufgebaut haben. Am Wochenende komme ich nach draußen, um mit der Katze zu spielen. Im Garten herumzutollen. Den Rest der Woche erhole ich mich davon.

Sie pflegt mich, so gut es eben geht. Sie hat nicht besonders viel Zeit. Sagt sie. Hin und wieder bringt sie mir Suppe nach oben. Muschi schnurrt vor dem Zelt. Leckt sich. Manchmal höre ich Stimmen von unten. Hundegebell. Es faucht. Es schnurrt. Es knurrt. Im Dämmerzustand nehme ich es wahr. Ich weiß nicht, ob das die Träume sind. Ich träume von Hunden. Kleine Hunde, aus deren Fell ich mir Anzüge nähe. Ich krieche auf allen vieren auf dem Boden herum. Ich esse Pansen. Knurre. Lecke mich sauber. Kratze mich. Es juckt.

Laura und ich

Manchmal nenne ich Laura aus Versehen Lauda. Weil sie kaum noch eigene Haut am Körper hat. Schönheitschirurgie. Die Haut stammt aus Indien. Von Gläubigen, die Geld brauchen für Dinge, die ihnen der Glaube nicht gibt. Ein neues Verfahren. Laura ist begeistert davon. Sie hat sich im Laufe des vergangenen Jahres fast die komplette Haut erneuern lassen. Sie hat jetzt eine viel dunklere Haut als vorher. Eine Inderhaut.

Laura ist böse, wenn ich sie Lauda nenne. Es gibt Dinge, die findet sie überhaupt nicht witzig. Das ist so etwas. Ich passe schon auf, aber manchmal muss ich trotzdem lachen. Einmal war es ganz schlimm. Sie hatte so einen Nicki an. Ich bin auf den Balkon gerannt und habe mein Gesicht in die Geranien gesteckt, bis ich keine Luft mehr bekommen habe. Das hat geholfen. Weil ich gedacht habe, dass ich jetzt sterben muss. Und da bin ich dann ganz ernst geworden und konnte wieder reingehen. Laura hat mich komisch angesehen, und ich habe gesagt, dass das mit meiner Kindheit zu tun hätte. Sonst nichts weiter. Aber das hat Laura gereicht. Sie glaubt solche Dinge. Sie liest Bücher über Esoterik und belegt Abendkurse über Tiefenpsychologie an der Volkshochschule. Wenn ich mal etwas habe, muss ich ihr nur sagen, dass ich in meiner Kindheit mal was ganz, ganz Schlimmes erlebt habe, über das ich noch nicht sprechen kann. Weil es noch ganz tief in mir drin sitzt. Das reicht dann. Laura sieht mich mitleidig an und legt mir ihre Hand auf den Kopf. Das bedeutet, dass sie mich mag und dass sie das verstehen kann. Mehr muss ich dann nicht sagen. Es ist eine der Grundlagen unserer Beziehung. Eine Art von Kommunikation, die es uns ermöglicht, miteinander zurechtzukommen.

Wir sind jetzt seit siebzehn Jahren ein Paar, und wir haben auch schon schlechte Zeiten erlebt. Aber wir wollten uns nie trennen. Wir haben Kurse belegt in moderner Beziehungsführung, und seit drei Jahren leiten wir selbst solche Kurse. Jeden Dienstag bei uns im Wohnzimmer. Nur an Feiertagen nicht. Es sind immer so zirka fünf Paare, die daran teilnehmen. Sie bringen sich selber Stühle mit. Laura und ich sitzen auf unserem Zweisitzersofa.

Als Erstes atmen wir alle immer zusammen, um uns besser kennen zu lernen. Danach reden wir ausgiebig über die Probleme der anderen. Laura und ich sagen, was falsch daran ist. Und manchmal sagen wir auch, was sie richtig machen. Um ihnen Mut zu geben. Zum Ende erzählen wir dann immer von uns, von unserer Beziehung. Wie wir das geschafft haben, dass wir uns noch immer lieben nach siebzehn Jahren. Wir küssen uns anschließend sehr innig, mit Zunge, und die anderen Paare schauen ganz neidisch.

Im Anschluss an das Seminar gibt Laura noch einen Geburtsvorbereitungskurs für die Frauen, und ich gehe mit den Männern in einer Bar saufen. An den Tagen, an denen nicht Dienstag ist, spielen wir Brettspiele und sind lustig miteinander. Manchmal machen wir auch Ausflüge und essen Marzipan.

Leuchtstoff

Wir haben Haare aus Leuchtstoff, und deshalb schalten wir oft das Licht aus. Weil es so schön aussieht, wenn man die Haare leuchten sehen kann. Gerade, wenn wir uns ganz schnell bewegen. Zu Musik oder einfach nur so. In die Hände klatschen und uns dann vorstellen, das wäre Musik. Und unsere leuchtenden Haare fliegen durch die Luft und durch das Zimmer, und wir werden immer wilder. Und ich sage dann, wir werden immer wilder, baby, und sie sagt, ja, wir werden echt immer wilder. Cool, nicht. Und ich sage dann, ja, verdammt cool, und lächle superleger. Aber das kann sie natürlich nicht sehen, weil es dunkel ist im Zimmer und unsere Haare zwar leuchten, aber eine richtige Lampe leider nicht ersetzen können. Da können wir noch so wild uns hin und her bewegen, wie eine Lampe werden wir nie leuchten. Dazu bräuchten wir mehr Haare und mehr Leuchtstoff, und das haben wir nicht. Ich schon gar nicht. Und dann hören wir auf, wild zu sein. Schalten echtes Licht an. Bürsten uns die Haare glatt und sind wieder ganz normal im Zimmer.

Mädchengeschichte mit roten Käfern mit schwarzen Punkten

Da waren Marienkäfer, als ich bei ihr war. Selbst in ihrem Haar waren sie und krabbelten dort. Ihre kurzen, kleinen Beinchen verfingen und verhedderten sich. Hinderten sie am Fliegen. Ich konnte sehen, wie sie ihre kleinen Klarsichtflügel unter dem roten Panzer hervorholten. Und wie sie zitterten. Und wie dann nichts geschah, außer dass sie weiter in ihrem Haar herumhingen und versuchten, von dort wieder wegzukommen.

Sie hieß Marie, und es waren Marienkäfer in ihrem Zimmer. Ich meine nicht, da waren irgendwo zwei Marienkäfer, krabbelten auf der Fensterbank oder so etwas. Ich meine, es müssen bestimmt über hundert gewesen sein.

Erstaunt war ich schon, als ich in ihrem Leben stand. Ich spürte die Marienkäfer sofort auf meinem Kopf und war froh, dass sie nicht Thekla hieß und die Marienkäfer Spinnen waren. Aber ich ekelte mich trotzdem. Was soll denn so was.

Ich sagte, Marienkäfer, und versuchte zu lächeln.

Marie nickte, ja, Marienkäfer. Ihr gelang das Lächeln.

Die Marienkäfer waren einfach überall im Zimmer. Das ganze Zimmer schien rot und schwarz zu sein. Überall bewegte es sich. Die Farben schienen zu fliegen. So als wäre der Raum mit beweglicher Wandfarbe gestrichen.

Man muss vorsichtig beim Gehen sein, sagte sie. Wegen der Käfer. Man darf nicht auf sie draufkommen.

Ich blieb lieber erst mal im Flur stehen. Wartete ab, was geschehen würde. Ob überhaupt noch etwas geschehen würde. Ob sie noch etwas sagen würde oder vielleicht dass wir in die Küche gehen würden. Oder vielleicht war das jetzt ja auch alles schon genug.

Aber Marie schwieg. Sie stand vor einem Spiegel, der bis zum Boden reichte, und begann sich behutsam die Marienkäfer aus dem Haar zu sammeln. Einen nach dem anderen. Es schien ewig zu dauern, so ordentlich war sie dabei. Und kaum hatte sie sich ein paar herausgepflückt, kamen andere und verfingen sich erneut in ihren Locken. Es würde Stunden dauern, sie alle herauszuholen.

Mir wurde es langweilig, ihr zuzusehen. Sie schien es zu bemerken.

Du kannst dir Tee kochen. In der Küche, wenn du magst, bot sie mir an.

Aber ich wollte nicht.

Nein, sagte ich. Danke, und schüttelte wie zur Bekräftigung meinen Kopf. Hoffte, so ein paar der Käfer abschütteln zu können.

Weißt du eigentlich, was die schwarzen Punkte auf ihren Rücken bedeuten, fragte sie.

Nein, entgegnete ich und war froh, wieder den Kopf schütteln zu können.

Sie sagte, an den Punkten kann man das Alter der Marienkäfer erkennen. Ein Punkt steht für ein Jahr, zwei für zwei und so weiter. Schön, nicht.

Ich überlegte, ob ich das glauben sollte. Aber ich wusste schon nicht mehr, was ich noch glauben sollte. Die ganze Situation kam mir komisch vor, spanisch. Ich wäre am liebsten gegangen. Aber aus irgendeinem Grund tat ich das nicht. Ich blieb.

Ja, sehr schön, brachte ich hervor und tat wieder so, als würde ich lächeln.
Sie hielt mir einen der Marienkäfer auf ihrer Fingerkuppe vors Gesicht. Ich griff danach und tat anfangs vorsichtig. Aber mir reichte es. Scheißkäfer, dachte ich innerlich. Was für ein Quatsch. Was für eine blöde Geschichte.

Ich war, kurz bevor ich in ihrer Wohnung stand, noch ziemlich verliebt gewesen in Marie. Aber ich kannte sie ja gar nicht. Ich hatte mir Dinge vorgestellt, wie sie sein würden. Dinge, die sich jetzt als falsch herausstellten. Als völlig falsch. Marie war so ganz anders, und ich war auch schon gar nicht mehr verliebt in sie. Ja, ich fand sie richtig doof jetzt, mit ihren blöden Käfern. Sie kam mir verrückt vor, und ich überlegte kurz, einen Freund anzurufen, der Psychiater war und sich mit so etwas auskannte. Aber ich entschied mich dann doch dagegen. Ich wollte nicht noch mehr mit Marie zu tun haben. Außerdem sollte niemand wissen, dass ich hier war. Gerade jetzt war mir das ausgesprochen peinlich.

Ich sah dem Käfer auf meiner Fingerkuppe zu, wie er ganz einfach gar nichts machte. Nur dasaß und niedlich tat. Und ich weiß nicht, was es war. Vielleicht lag es an meiner Kindheit, die ich zusammen mit dem Hund meiner Eltern in einer kleinen Holzhütte draußen im Garten verbringen musste. Oder an meiner Jugend, in der meine Mutter mich zwang, ihre alte Kleidung zu tragen. Jedenfalls, da war etwas in mir.

Eine böse Macht, würde Stephen King sagen. Etwas Diabolisches. Etwas unendlich Mächtiges.

Ich nahm den Käfer und zerdrückte ihn zwischen meinen Fingerkuppen. Hinterließ meine Fingerabdrücke in seinem Fruchtfleisch. Ich dachte dann, jetzt wäre es gut. Das Böse in mir würde sich wieder beruhigen, und ich könnte weiter meiner Arbeit als Sozialarbeiter nachgehen. Aber so war es leider nicht. Es hatte nicht aufgehört durch den Tod des Käfers. Durch den Mord, den ich begangen hatte. Ja, es schien fast, als wäre es dadurch nur noch schlimmer geworden. Etwas in mir schien wach geworden zu sein. Ein böses Tier, das meinen Namen trug.

Marie fing natürlich an zu heulen. Sie sagte du alte Sau zu mir und haute mich.

Ich heulte nicht. Ich schlug zurück. So kräftig ich nur konnte.

Ich konnte ziemlich kräftig zuschlagen. Ich konnte so kräftig zuschlagen, dass nicht nur die Haut von Marie aufplatzte, sondern auch so kräftig, dass sie umfiel. Und so kräftig, dass sie nicht nur einfach umfiel, sondern so kräftig, dass sie richtig hinfiel. Ja, dass sie richtiggehend weggeschleudert wurde von meiner Hand. Wie in den italienischen Filmen, die ich so gerne sah. Und dachte ich noch, während sie fiel, das wäre jetzt wirklich alles, was passieren würde, so musste ich mich wieder einmal täuschen. Sie fiel nicht einfach nur zu Boden, sondern sie fiel zuerst gegen den Spiegel. Der zersplitterte und schnitt ihr die ganze Haut auf, sodass sie allein an den Verletzungen verblutet wäre. Aber sie fiel auch noch gegen die spitze Kante einer Holzkiste, die vor dem

Spiegel stand. Die Spitze bohrte sich in ihren Kopf und schob einen Teil des Gehirns auf der anderen Seite wieder hinaus. Und dann passierte aber erst mal wirklich nichts mehr. Sie blieb einfach da so hängen. Total zerschnitten und mit der Holzkiste in ihrem Kopf. Auf der Kiste stand auf Spanisch Attentione. Oder war das Italienisch. Ich wusste es nicht. Und es war mir egal in diesem animalischen Augenblick.

Ich zog die Haustür hinter mir zu und lief die Treppen nach unten. Ich dachte, es wäre jetzt gut. Aber das war es immer noch nicht.
Draußen vor der Tür schoss ich noch in eine Traube von Passanten, die vor einer bekannten Drogeriekette standen. Das Maschinengewehr hatte sich Stephen King ausgedacht und es mir in die Hand geschrieben, damit ich richtig loslegen konnte. Er hatte sich auch noch eine Motorsäge ausgedacht und eine riesige Schlagbohrmaschine, die der Teufel zu einem höllischen Mordinstrument umgebaut hatte. Ich musste noch an die fünftausend Menschen töten an diesem Tag, weil Herrn King einfach nichts Besseres einfiel und weil das immer so war.
Ich hatte eine nette Geschichte haben wollen, die vom Verliebtsein, der Liebe zu Tieren, der Liebe zwischen Mann und Frau und dem Guten im Menschen handeln sollte. Aber Stephen King hatte von mir Besitz ergriffen. Ich hatte ihm den Anfang der Geschichte verkauft, weil ich jung war und Geld brauchte. Ich hatte mich gefreut, zehn Dollar war zwar nicht viel Geld, schon gar nicht kurz vorm Euro, aber

immerhin, es war Geld. Er hatte einfach den Anfang unverändert übernommen und seinen üblichen Mumpitz hinten drangeklatscht. Und nun war ich ein Amokläufer, der verhaftet wurde. Man lieferte mich in die USA aus. In einen Staat, in dem es die Todesstrafe noch gab.

Hier sitze ich jetzt und warte. An manchen Tagen schreibe ich *Fick dich Stephen King* mit meinem Blut an die Zellenwände. Ich wette, das würde ihm gefallen. Aber ich werde es ihm nicht erzählen. Soll er sich doch selbst was ausdenken. Vielleicht eine Geschichte mit Außerirdischen, die sich vom Blut der Menschen ernähren. Oder von einer Mutter, die sich zu einer Mörderin umoperieren lässt und dann alle Menschen tötet. Selbst Minderheiten wie Indianer oder Homosexuelle. Oder die Geschichte von einer Maschine, die sich selbständig macht und dann auch alle Menschen tötet. Oder eine Gruppe von Menschen, die alle Menschen tötet. Egal, wichtig ist nur, dass alle Menschen getötet werden. Darauf muss man achten, wenn man Horrorgeschichten schreiben will. Das ist so ziemlich das wichtigste Element. Alle Menschen töten. Alle Menschen töten.

Maria

Wenn die Katze ein Pferd wäre, könnte man auf ihr durch die Bäume reiten, sagt Maria und blickt aus dem Fenster. Sie wirkt zerbrechlich bei den Worten. In ihrem zu engen Häkelkleid. Den Korkenzieherlocken, die ihr von dem zu klein wirkenden Kopf hängen. Zu klein für ihren Körper.
Ich trete hinter sie. Lege ihr leicht meine Hände um die Hüften. Etwas Spiegelbild vor uns. Dahinter der Garten der Leute unter uns. Eine Familie mit Kind und einer Katze mit grauem Fell. Sie liegt auf dem Rasen und putzt sich. Die Sonne scheint nicht. Es ist grau.
Ja, sage ich, es wäre schön, wenn die Katze ein Pferd wäre. Dann würden wir fortreiten von hier. Nicht nur durch die Bäume, sondern noch weiter weg. Dahin, wo es schön ist, Maria.

Unser Zimmer ist eng. Eine kleine Kochnische neben dem Fenster. Daneben eine Art Dusche. Im Winter ist es kalt. Wir haben keine Heizung. Wir haben einen kleinen Elektroofen. An manchen Tagen heizen wir damit. Wir heizen selten. Wir zahlen den Strom extra. Im Winter liegen wir im Bett unter den Decken. Wir tragen Pullover und Hosen übereinander.

Ich schließe meine Augen. Denke an Marias Worte. Wenn die Katze ein Pferd wäre, könnten wir auf ihr durch die Bäume reiten. Ein graues Pferd mit langer Mähne. Der Rücken des Pferdes ist warm an unseren Beinen. Ich habe meine Hände um Marias Taille gelegt, damit sie nicht hinunterfällt. Maria hat die Zügel in der Hand. Sie beugt sich zum Ohr des

Pferdes, flüstert. Das Pferd beginnt zu traben. Wir reiten die Straße runter. In Richtung Wald. Immer weiter weg. Das Pferd läuft schneller und schneller. Hebt irgendwann einfach vom Boden ab. Steigt auf in den Himmel und Maria lächelt.

Maria berührt meine Augenlider. Ihre Finger sind kalt und feucht.
Ich öffne die Augen wieder. Blicke zuerst in Marias Gesicht. Dann daran vorbei in den Garten. Die graue Katze ist verschwunden. Aber das Pferd ist nicht da.
Träumst du, sagt Maria.
Ich nicke.
Wenn die Katze ein Pferd wäre, sagt Maria, das wäre schön.

Es ist Nacht geworden. Im Zimmer ist es dunkel. Marias Atem ist gleichmäßig neben mir. Doch ihre Worte hören nicht auf, mir durch den Kopf zu gehen. Wenn die Katze ein Pferd wär. Fort von hier. Ein Traum.
Ich stehe auf. Öffne das Fenster. Blicke hinaus in Nachtlandschaft. Ein dunkler Film, in dem nichts geschieht. Es ist noch sehr warm. Die Luft ist angenehm. Ruhig. Ich sehe Tannen weiter hinten. Oben sind sie wie Dreiecke. Heller als die Landschaft davor. Der Garten unter mir. Ganz hinten die Stadt mit ein paar Lichtern.

Unser Zimmer ist selbst im Dunkeln eng. Die Kochnische. Daneben die Dusche mitten im Zimmer. Maria hat einen Vorhang dafür genäht. Einen Duschvorhang. Wenn Maria duscht und den Vorhang zuzieht, wirkt das Zimmer noch kleiner. Im Sommer lassen wir das Fenster immer offen. Wir stellen den Tisch davor. Es passt gerade so mit dem Bett. Da sitzen wir dann. Maria näht. Ich rauche. Wir schauen hinaus in Landschaft. Sagen oft nichts. Ganze Tage, in denen ich Marias Stimme nicht höre.

Das Miauen der Katze ist unten. Die Katze, die ein Pferd sein könnte. Unser Leben besser machen könnte. Wäre sie ein Pferd geworden. Keine nutzlose kleine, graue Katze. Sie ist unten im Garten an der Hecke. Sie schleicht. Aber ich kann sie gut sehen.

Ich trete ans Bett und betrachte Maria. Ihr schwarzes Haar ist weich. Ich kenne den Duft aus den Nächten, in denen ich mich darin vergrabe. Es muss nicht viel sein, denke ich. Nur ein paar Strähnen, wenn die Katze ein Pferd sein soll. Sie wird es verstehen. Am nächsten Morgen, wenn wir fort sind von hier.

Ich nehme Thunfisch aus dem Kühlschrank. Lasse die Zimmertür angelehnt. Das Licht über der Treppe ausgeschaltet. Die dritte Stufe knarrt. Ich mache einen Schritt über sie hinweg.
Draußen trete ich Latten aus dem Jägerzaun heraus. Mache leise miez, miez.
Die Katze zögert. Ich weiß, dass sie mich nicht mag. Aber ich weiß, dass sie den Thunfisch mag.
Langsam kommt sie auf mich zu. Sie miaut dabei.

Ich mache noch einmal miez, miez. Sie beginnt zu fressen, und ich halte sie dabei am Schwanz fest. Binde ihr Marias Haar daran. Sie lässt es geschehen. Frisst einfach weiter.
Dann packe ich sie und presse sie zu Boden.
Die Katze faucht.
Ich drücke ihr mein Knie auf die Brust. Füttere sie mit Thunfischstücken.
Sie hört auf zu fauchen. Frisst wieder.
Ich binde ihr die Latten aus dem Jägerzaun an die Beine. Binde sie sehr fest. Sie sollen eine Weile halten. Anschließend richte ich sie wieder auf. Ziehe meine Pyjamajacke aus und binde sie ihr um den schmalen Rücken. Als Sattel.
Die Katze zittert. Sie steht wacklig auf den neuen Beinen, aber sie bewegt sich. Macht ein paar Schritte. Sie fällt nicht um dabei.

Was machst du da, fragt Maria. Sie steht hinter mir in ihrem weißen Nachthemd.
Du weißt schon, sage ich. Wenn die Katze ein Pferd wäre.
Ich lasse ein Lächeln hinaus.
Maria sieht mich ernst an. Sie lächelt nicht. Sie nimmt der Katze die Pyjamajacke ab. Bindet sie von den Zaunlatten los. Die Katze verschwindet hinter der Hecke. Sie läuft sehr schnell.
Lass uns nach oben gehen, sagt Maria. Bitte. Sie reicht mir meine Pyjamajacke.
Ich nehme sie und folge ihr stumm die Treppenstufen nach oben. Das Licht über der Treppe ist angeschaltet. Die dritte Stufe knarrt. Ich mache einen Schritt über sie hinweg.

Mein kleines Liebchen

Sie sagt, dass sie mich liebt. Danach blutet sie am Mund. Und in meiner Hand ist ein kleiner, pochender Schmerz, der nicht aufzuhören scheint, je länger ich mich darauf konzentriere. Wie ein kleiner, kranker Vogel mit gebrochenem Flügel kommt er mir vor. Etwas, was nicht mehr fliegen kann, weil die Erde näher ist als der Himmel.

Sie ist krank. Sie ist wirklich schwer krank. Am Kopf. Sie weiß nicht, was sie tut. Geschweige denn, was sie sagt. Sie sagt Dinge einfach nur so daher. Die Leute wundern sich manchmal darüber.

Ich reiche ihr Kleenextücher aus der rosa Box, damit sie sich das Gesicht sauber machen kann. An das Geräusch beim Rausziehen der Tücher haben wir uns gewöhnt. Es ist scheinbar immer da, wenn wir miteinander reden. Es gehört dazu, wie die Bewegungen ihrer Lippen. Es hat aufgehört, uns Gänsehaut zu machen. Es wird jetzt auch nicht mehr kalt danach.

Sie macht sich sauber, und ich sehe ihr dabei zu. Kontrolliere sie, damit sie auch wirklich alles wegwischt. Damit nicht noch irgendwo etwas hängen bleibt und verkrustet.

Ich sage, wasch dich lieber, und drücke auf den Lichtschalter neben der Tür des Badezimmers.

Sie nickt, und ich kann sehen, wie sie das Wasser laufen lässt.

Nimm besser den Waschlappen, sage ich.

Und sie nimmt den türkisen Waschlappen und lässt Wasser darüber laufen.

Nimm auch Seife, sage ich.

Und sie tut es und wäscht sich das Gesicht. Wäscht sich das

Blut am Mund weg und wäscht sich auch den Rest des Gesichts.

Ich reiche ihr ein Handtuch. Das graue, auf das ihr Name gestickt ist. Maus. Sie trocknet sich ab, und ich reiche ihr anschließend die Kosmetiktasche.

Schmink dich, sage ich. Du siehst schön aus, wenn du geschminkt bist. Schöner, als wenn du es nicht bist.

Sie nickt und beginnt sich zu pudern. Sich den Mund wieder rot zu machen mit künstlicher Farbe. Sie malt sich die Augen schwarz an.

Ich sehe ihr gerne dabei zu, wenn sie sich schminkt. Ich mag es. Es sieht so weiblich aus. Ich mag das wirklich.

Sie packt die Schminksachen wieder zurück in die Tasche und zieht den Reißverschluss zu. Ein komisches Geräusch. Sie lächelt mich an.

Gut so, fragt sie, und ich kann sehen, dass ihre Lippe etwas geschwollen ist. Aber ich glaube, nur mir fällt es auf. Es ist etwas dicker an der Unterlippe als sonst.

Du solltest Eis nehmen, sage ich. Warte, ich hole es dir.

Ich hole einen Eiswürfel aus der Küche und bringe ihn ihr. Halte ihn ihr an den Mund, auf die geschwollene Stelle.

Wir stehen eine Weile so da. Mit dem Eis auf ihrem Mund, zwischen Flur und Bad. Sie sieht aus, als wenn sie etwas sagen möchte. Aber es geht nicht wegen dem Eis an ihrem Mund.

Du musst still sein, sage ich. Sonst kühlt es nicht richtig, und du wirst hässlich.

Sie deutet ein Nicken an und blickt in meine Augen. Ich sehe dem Eis auf ihrer Lippe beim Schmelzen zu. Wie das

Wasser an ihrem Kinn hinunterrinnt. Ihr in den Ausschnitt läuft. Es muss kalt sein dort, und ich beginne wieder an Gänsehaut zu denken.

Sie liegt auf dem Bett. Das Gesicht hat sie tief in der Tagesdecke vergraben. Sie sagt nicht mehr, dass sie mich liebt. Sie hat aufgehört damit. Die Decke schluckt ihre Laute. Absorbiert sie.

Ich habe mich im Badezimmer eingeschlossen. Man kann hier niemanden mehr hören. Ich betrachte mich. Der Spiegel hängt zu niedrig. Der Spiegel ist zu klein. Ich kann nur meine Brust sehen. Meinen Mund. Ich betrachte meine künstlichen Zähne darin. Sie sind weißer als echte Zähne. Sie sprechen. Sie sagen, ich liebe dich.

Meine neue Verlobte

Meine neue Verlobte trägt ständig Frauenkleider. Sommerkleider. Im Winter trägt sie gelbe Strumpfhosen dazu. Ihre Beine sehen dann aus wie die von Vögeln. Sie stecken in schwarzen Schaftstiefeln. Im Sommer läuft sie barfuß. Beim Übergang der Jahreszeiten trägt sie Sandalen. Im Herbst auch manchmal Sportschuhe mit weißen Streifen an der Seite. Sie leuchten im Dunkeln.

Wir wohnen noch nicht lange zusammen. Ich habe sie über eine Wohnungsanzeige kennen gelernt. Sie heißt Annemon. Annemon Falkenstein. Sie hat gesagt, sie würde studieren. Sie interessiere sich für Pflanzen. Also Blumen, hat sie gesagt. Ihr Vater würde ihr Geld geben. Viel Geld. Davon könnte ich was haben, wenn sie bei mir wohnen dürfte.
Ich habe nicht lange überlegt. Es hatte sich auch sonst niemand auf die Annonce hin gemeldet. Sie gefiel mir irgendwie. Ich fand sie sympathisch. Sie wirkte auch ganz normal. Am Anfang jedenfalls.

Am Tag darauf ist sie bei mir eingezogen. Zwei polnisch sprechende Männer trugen ihre Möbel hinauf und mehrere Kartons. Sie selbst hatte nur eine hellblaue Sporttasche bei sich. Und Donauwellen. Sie legte die Wellen auf Teller und kochte Wasser. Wir setzten uns. Die Männer waren weg. Sie hatte polnisch mit ihnen gesprochen. Mit mir sprach sie deutsch. Sie fragte, welches Zimmer ihrs wäre.
Die Möbel standen noch im Flur. Wir mussten seitlich gehen.
Ich deutete auf das leere gegenüber der Küche.

Sie sagte, sie besäße fünf Schränke und eine Kommode. Aber sie besäße kein Bett.
Ich schaute sie erstaunt an.

Die erste Nacht lag ich noch wach neben Annemon. In der zweiten gaben wir uns Kosenamen. In der dritten schliefen wir miteinander. Die Liebe mit Annemon war phantastisch. Ich begann sie zu lieben. Ja, ich begehrte sie regelrecht. Es war alles wie selbstverständlich. Es gab keine Fragen und keine Antworten.

Kurz darauf machte ich Annemon einen Heiratsantrag vor dem Fernseher. Eine Quizshow lief. Sie sagte ja. Jetzt war sie meine Verlobte. Ich ging zu Bett.
Am nächsten Tag fuhren wir ans Meer. Sie küsste mich immer wieder während der Fahrt. Ihre Hand ruhte auf meinem Oberschenkel. Wir brauchten eine Stunde bis ans Meer und eine wieder zurück. Wind blies durch unsere Frisuren. In den Taschen hatten wir Muscheln, in denen das Meer rauschte. Wir lachten und redeten am Strand über Dadaismus. Wie alle es taten.

Auf der Hochzeit hatte Annemon einen weißen Schleier vor ihrem Gesicht. Ich konnte sie dahinter lachen hören. Die Zeremonie war in Polnisch. Wir waren über die Grenze gefahren. Ihr Vater stand vor der Kirche und wartete. Seine Uhr war aus Gold. Er winkte und öffnete dann die Autotüren.
Es heirateten noch mehrere Paare an diesem Tag. Wir mussten uns beeilen.

Ich sagte ja.
Annemon sagte ja.
Wir fuhren wieder nach Hause.
Ihr Vater hatte uns Konservendosen hinten an die Stoßstange gebunden. Annemon lachte. Ich konnte ihren Vater im Rückspiegel sehen. Er winkte wieder.

Annemon trägt jetzt Umstandskleider in Pastelltönen. Sie machen sie blass. Sie bekommt rosa Pickel von der Schwangerschaft. Sie sitzt in der Küche und stöhnt.
Johannes, sage ich.
Ferdinand, sagt sie.
Gut, sage ich.
Oder Klarinette, sagt sie.
Ja, sage ich. Klarinette.
Wir atmen miteinander.

Klarinette ist blutig. Sie schreit. Ich schaue glücklich in die Polaroidkamera des Arztes. Annemon weint. Ich halte Klarinette weit über meinen Kopf. Ich trage einen grünen Kittel über meinem braunen Anzug.

Wir haben kein Wohnzimmer mehr. Wir haben Elefanten auf die Wände geklebt. Die Möbel rosa lackiert. Ich habe Löcher in die Muscheln gebohrt und eine Kordel durchgezogen. Ich habe das Alphabet darauf geschrieben.
Spielzeug, habe ich gesagt.
Annemon hat Klarinette auf dem Arm.

Klarinette ist schlecht in der Schule. Wir müssen oft mit dem Direktor reden. Er trägt graue Anzüge und grüne Krawatten. Seine Brille ist braun. Es spiegelt in ihr. Ich sehe mich und Annemon. Wir sitzen auf braunen Stühlen ohne Armlehnen.

Klarinette macht eine Ausbildung. Sie lernt Haare richtig zu schneiden. Sie trägt Locken seitdem. Sie sieht uns nicht mehr ähnlich. Auf der Straße drehen sich Männer nach ihr um.

Klarinettes Verlobter kann nicht richtig sprechen. Es ist langweilig, sich mit ihm zu unterhalten. Es dauert zu lange. Aber Annemon mag ihn. Sie sagt, er erinnere sie an mich, früher. Ich schalte den Fernseher lauter, als sie das sagt.

Ich habe Tränen in den Augen auf Klarinettes Hochzeit. Ich stehe neben dem Pastor und sehe Jesus an. Jesus schaut auch traurig. Annemon lacht nervös. Klarinette trägt Annemons Brautkleid. Ihren Mann sehe ich nicht an.

Klarinettes Kind heißt Ferdinand und sagt Opa zu mir. Nachts schreit es. Klarinette bekommt Depressionen davon.

Der Sarg, in dem ich liege, ist schräg. Ferdinand ist noch nicht so groß wie Annemon, Klarinette und Klarinettes Mann. Der Pastor trägt nicht mit. Er läuft traurig vorneweg über den Friedhof. Klarinette und ihr Mann streiten. Ich kann es durch das Holz hören. Annemon sagt, ich kann nicht mehr.

Ich werde unter die Erde gelassen. Ich höre nichts mehr. Die Stimmen verschwinden. Ich bin allein. Allein gelassen in dem Holz. Ich denke über mein Leben nach. Viel ist nicht passiert, denke ich.

Mundmädchen

Sie ist sehr schön, aber sie hat auch keine Arme mehr. Sie tut die meisten Dinge, die andere Mädchen mit den Händen machen, mit dem Mund. Tut sie sie nicht mit dem Mund, tut sie sie mit den Füßen.

Sie hat nie Arme und Hände besessen. Sie fehlen ihr seit Geburt an. Aber sie sieht auch nicht so aus, als würde sie Arme gebrauchen können. Als würden sie zu ihr passen. Sie ist auf ihre Art perfekt so.

Ich mag es, ihr zuzusehen, wie sie die Dinge tut. Wie sie sie auf ihre Art tut. Es ist etwas Besonderes daran, etwas Unbeschreibliches.

Sie heißt Anni, und ich habe ihr Einkaufstüten nach oben getragen. Bin danach noch etwas geblieben. Wir haben Wasser getrunken und nicht über ihre Arme gesprochen. Nach einer Stunde bin ich gegangen, und wir haben uns nie wieder gesehen. Das wars.

Nachtangst

Man darf an die Angst nicht denken. Gerade wenn es Nacht ist, sage ich zu ihr. Ich flüstere dabei, um ihr doch ein wenig Angst zu machen.
Es ist dunkel in unserem Zimmer. Wir haben gerade eine Spinne getötet. Ich habe es getan, weil ich mich weniger vor Spinnen ekel als sie. Sie wollte, dass ich sie am Leben lasse. Sie mit einem Glas fange und in den Vorgarten bringe. Aber ich habe nur lachen müssen und dann mit der Ledersohle meines Plastikschuhs auf die Spinne geschlagen. Summs. Und tot war sie.

Sie liegt wach neben mir, und ich bin auch noch wach, weil ich nicht schlafen kann, wenn sie nicht schlafen kann. Und sie sagt, dass sie Angst hat, dass Insekten in ihren Körper kriechen und dort kleine Eier legen, aus denen noch mehr Insekten schlüpfen, die dann in ihrem Körper leben. Sie aufzufressen beginnen von innen, weil sie Nahrung brauchen. Und weil sie die einzige Nahrung in ihrem Körper ist.
Dann schweigt sie für einen Moment, und ich versuche mir vorzustellen, wie Insekten in ihren Körper kriechen und sie aufzufressen beginnen. Einfach so. Ich finde die Vorstellung eklig. Gerade wenn ich so dicht neben ihr im Bett liege. Ich bekomme dann auch Angst. Angst, dass sie stirbt, weil Insekten in ihren Körper kriechen und sie aufzufressen beginnen. Aber das sage ich ihr nicht.

Irgendwann beginnt es dann hell zu werden. Das ist die Dämmerung, sagt manchmal wer von uns, und das Summen im Kopf hört auf. Wir lassen die Augen geschlossen, damit es noch länger dunkel bleibt. Die Angst nicht aufhört. Weil wir wissen, dass wir am Tage keine Angst haben. Angst vor nichts haben. Es lässt uns unvorsichtig werden. Wir passen nicht auf. Und manchmal, wenn wir nicht aufpassen, fallen Elektrogeräte in die Badewanne. Oder Dinge zersplittern und zerschneiden uns. Ohne Blut ist man tot. Das wissen wir und drücken Mullbinden auf die undichten Stellen in unseren Körpern, damit das Blut nicht aus uns hinausläuft. Damit der Schorf kommt und die Wirklichkeit ungeschehen macht. Wir wieder ruhig schlafen können. Keine Angst zu haben brauchen in der Dunkelheit.

Nazimädchen

Ich liebe sie zwar, aber sie ist auch voll der Nazi und hat eine superbeschissene Frisur. Sie hat sich fast den ganzen Kopf leer rasiert, und nur vorne hängen ihr noch zwei blonde Strähnen in die Stirn. Das sieht echt scheiße aus. Sie sagt zwar immer, dass sie nicht nazi ist, sondern oi, aber das glaube ich ihr nicht. Ich sage immer, dass sie gar nicht oi ist, sondern nazi. Aber sie besteht darauf. Und manchmal, wenn wir es uns so richtig gemütlich machen, also so richtig gemütlich, sage ich dann zu ihr, also ihr zuliebe, dass sie wirklich ziemlich oi ist und nur ein ganz kleines bisschen nazi. Damit ich die Stimmung nicht verderbe. Dann sitze ich mit ihr auf dem braunen Ledersofa, und wir sehen uns deutsche Familienserien an. Und sie reibt ihren nackten Kopf an meinem gebatikten T-Shirt. Und manchmal lacht sie dann auch ganz laut, wenn mal was lustig ist im Fernsehen. Und ich lache dann auch ganz laut, weil man das so macht, wenn man es sich so richtig gemütlich gemacht hat. Aber eigentlich finde ich das gar nicht lustig. Weil ich einen viel feineren Humor habe als sie. Ich bin sowieso viel sensibler als sie. Ich weine auch mal. Aber nur, wenn sie nicht dabei ist. Weil sie sagt, dass Weinen echt scheiße ist. Weinen ist überhaupt nicht oi, und nazi schon gar nicht.

Polen am Arsch

Es riecht feucht. Das ist bestimmt die Nacht. Sie ist draußen. Beschlägt kalt die Fenster, und wir können es sehen. Und können doch nichts von der Nacht sehen, weil die Kälte in Schlieren die Scheiben hinunterläuft.

Wir liegen auf alten Polstermöbeln. Man kann den Geruch der ehemaligen Besitzer aus den Ritzen riechen. Es riecht polnisch. Als wären sie zwischen die Ritze gerutscht. Eine polnische Großfamilie, die mit uns in der Nacht sitzt. Zwischen unseren Ärschen. Unter unseren Ärschen.

Ich schiebe meine Hand in die Ritze zwischen den Sofapolstern. Taste nach ihnen. Spüre Krümel an meinen Fingerkuppen. Es krümelt, und ich denke an das Abendbrot der Familie. Brot und Tier vielleicht. Und ich überlege, was sie jetzt wohl gerade tun. In diesem Moment. Ob sie wissen, dass wir hier sitzen und uns zu küssen versuchen. Oder ob sie denken, dass sie zu Hause sind. Denken, dass Polen zwischen zwei Sofakissen liegt. In einer Ritze in der Nacht. Und ich schiebe meine Hand noch einmal dazwischen. Greife noch einmal hinein, nach Polen. Diesmal tiefer, viel tiefer, und ich will jetzt wissen, was da wirklich ist. Schiebe meine Hand weiter unter das Sofakissen, auf dem sie sitzt. Will ein Teil von Polen herausholen. Erobern, und sie sieht mich jetzt so komisch an.

Polen, sage ich. Da unten ist Polen.

Polen, fragt sie.

Ja, Polen, sage ich. Wir sitzen auf Polen.

Wir sitzen auf Polen, fragt sie noch dümmer als das erste Mal. Po. Du meinst Po.

Nein, Polen, schreie ich und bin dabei so aggressiv, dass wir

das Küssen erst mal vergessen können. Aber das ist mir egal. Ich schiebe meine Hand tiefer hinein in das Reich unter uns. Mein Arm verschwindet jetzt fast ganz darin, und ich muss mich so weit runterbeugen, dass ich mit meinem Gesicht ihr Bein berühre. Den verwaschenen Jeansstoff riechen kann.
Doch unter den Sofapolstern ist nicht wirklich etwas, und ich ziehe meine Hand wieder heraus. Zwischen meinen Fingern eine braun gewordene Erdnuss.
Ich esse sie.
Sie schmeckt so, wie sie aussieht. Alt. Und braun.
Ich blicke starr und stur. Zeige ihr nicht, dass ich mit dem Gedanken spiele, mich zu übergeben. Mein Gesicht behält die ursprüngliche Form. Ich kaue, so schnell es geht. Schlucke die vergammelten Nussreste hinunter. Dann tauche ich wieder mit meiner Hand in Polen ein. Ich ziehe noch ein paar Flaschendeckel und etwas Kleingeld hervor, dann reicht es mir. Auf ihre Fragen antworte ich schon gar nicht mehr. Ich reiße die Polster herunter und erwarte irgendetwas.
Aber da ist nichts.
Ich starre auf verschmutzten schwarzen Stoff. Sehe weitere Deckel. Noch mehr Kleingeld, das nicht wirklich etwas wert ist. Noch nicht mal in Polen. Zwei Ohrringe, die ich ihr hinhalte, ohne hinzusehen. Sie werden glänzen.
Ich lasse langsam Luft aus meinen Lungen entweichen. Beginne sie dann erneut zu füllen. Langsam. Ganz langsam. Ich lege die Sofakissen wieder ordentlich hin. Setze mich. Klopfe mit der Hand auf das freie Kissen neben mir. Deute ein kleines, süßes, nett gemeintes Lächeln an.

Bitte, setz dich, sage ich.

Sie setzt sich wieder. Behält aber ihre Handtasche und ihre Jacke in den Händen. Sie lehnt sich nicht zurück. Sie bleibt auf der Kante sitzen. Die Jacke, die Handtasche baumeln zwischen ihren Knien. Dort, wo auch ihre Hände sind. Sie sitzt da, als wenn sie noch Termine hat. Obwohl es draußen dunkel ist und sie nicht in der Nacht arbeitet.

Ich tue entspannt. Liege bequem und leger auf dem Sofa. Lehne mich so weit zurück in den Kissen, dass es schon wehtut an meinem Hinterkopf. Relaxt schlürfe ich an meinem Brausebier. Tue so, als wenn nichts gewesen wäre. Suche nach den Anfängen von Fäden.

Interessierst du dich für Dressurreiten, frage ich. Mit Pferden.

Sie nickt. Es ist noch zaghaft, aber sie nickt und legt die Jacke wieder über die Lehne des Sofas. Es scheint zu funktionieren.

Ich mag die Eleganz der Pferde. Das Glänzen ihrer grazilen Körper, wenn die Sonne auf ihr sauber gebürstetes Fell fällt, lüge ich trickreich.

Und sie stellt ihre Handtasche unter den Tisch ans Tischbein. Lässt sich zurück ins Sofa fallen. Ganz dicht neben mich, und ich merke, dass sie mich doch ziemlich nett findet.

Pferde sind soooooo süß, sagt sie.

Und ich sage, ich liebe Pferde. Pferde sind so tolllllll.

Und sie sagt, ich liebe Pferde auch. Ich liebe Pferde richtig.

Und ich sage, ich liebe Pferde auch richtig. Und du bist auch total tolllllllllll.

Und sie sagt, du bist auch soooooo süüüüüüüß.
Und ich nicke.
Und es wird noch ein gaaaaanz toller Abend, bei dem auch Dinge passieren, die mit Küssen zu tun haben, und später auch noch Schlimmeres. Dinge, von denen man erst später erzählen kann, wenn die Kinder im Bett sind und wir Großen mal unter uns sind und über Dinge reden können, die Kinder nichts angehen. Die Kinder auch noch nicht so richtig interessieren, weil sie noch nicht so lange auf der Welt sind. Und wenn man noch nicht so lange auf der Welt ist, dann interessieren einen erst mal andere Dinge. Ballspiele zum Beispiel. Aber wir, also sie und ich, sind schon eine ganze Weile auf der Welt, und das mit den Ballspielen haben wir schon hinter uns, und jetzt interessiert uns eigentlich nur noch eine Sache, und die ist sehr schön, und wir machen das bei ihr, und am nächsten Tag nochmal, und dann nochmal, und ich ziehe bei ihr ein, und sie wird schwanger, weil wir in der ganzen Aufregung nicht über Verhütung geredet haben, und das Kind ist total süüüüß und ist supernormal und interessiert sich also auch für Ballspiele, und wir heiraten dann auch noch in Las Vegas und kriegen noch mehr Kinder und sind suuuuuuperglücklich zusammen und streiten uns auch gar nicht, und alles ist total toll, dass auch voll alle Menschen über uns sagen, wie glücklich wir sind, und wie toll wir sind, und wie gut wir zusammenpassen, und wir stecken mit unserem Glück voll alle Menschen an, auch so ganz böse wie zum Beispiel Osama Bin Laden oder auch Adolf Hitler, wäre der nicht schon tot, und die ganze Welt wird auch irgendwie besser, und alle haben sich total

lieb, und ich und meine Frau organisieren so Happenings mit ganz vielen Menschen, die sich immer ständig nackt ausziehen, und dann stecken wir uns so Natursachen ins Haar, also Blumen oder Moos, und manche auch Baumrinde, obwohl das viele nicht so mögen, weil das auch nicht so gut ist fürs Haar, und dann reden wir manchmal darüber, und manchmal gibt es auch ein bisschen Streit, aber nicht so richtig, sondern es ist mehr so ein sachliches, konstruktives Gespräch, was uns auch alle weiterbringt und unser Zusammensein noch harmonischer macht und von dem wir auch was mitnehmen in unsere Zweisamkeit, und das ist gut so, und so kann man auch total glücklich werden, und das werden wir auch, und alles ist toooooootal suuuupersüüüüüüß und dufte. Spitze. Toll. Und astrein. Yippie.

Rotmund

Zuerst war da nur ihr Mund. Ein unbeschreiblich roter Mund, der nachts leuchtete, sodass wir auf elektrisches Licht verzichten konnten. Wenn sie redete, war es ein Ereignis. Ihr dabei nur zuzusehen genügte mir schon. Da konnte ich fast auf das Küssen verzichten. Zuzusehen, wie sie ihre Lippen benutzte. Sie zusammenzog, dehnte, spitzte. All diese Dinge, die ich schon tausendfach bei anderen gesehen hatte, wurden bei ihr zu einem Schauspiel. Oft saßen wir einfach nur da, zusammen in der Dunkelheit, die uns umgab, und ich sah ihr beim Erzählen zu. Und dabei war mir egal, was sie sagte. Hauptsache, sie redete.
Wir hatten bei unserer ersten Begegnung über die Revolution gesprochen. Ein Ereignis, das bevorstehen würde, wie sie meinte. Ich hatte Mühe, mich zu konzentrieren. Ich sagte nur, jaja, oder nickte einfach, ohne meinen Blick von ihren Lippen abzuwenden. Allein wie sie Revolution sagte, war wunderbar, und ich gab mir Mühe, das Gespräch möglichst nicht von diesem Thema abzubringen. Sie sollte es noch ein paar Mal sagen. Und das tat sie auch. Sie sprach überhaupt sehr viel von Revolution und Aufstand. Das wunderte mich schon. Aber hatte ich das alles vorher für Quatsch gehalten, so fing es jetzt doch an, mir mehr und mehr zu gefallen. Und schließlich war ich es, der das Gespräch auf dieses Thema brachte. Ich konnte mich nicht satt sehen an ihren Revolution formenden Lippen. Sie musste annehmen, dass auch ich ein Teil der Bewegung war, und ich leugnete es nicht. Was ich, wie ich später feststellen musste, vielleicht besser getan hätte.

Eines Tages lagen Waffen bei ihr auf dem Küchentisch. Dunkle, schwarze Maschinenpistolen.
Ich stand in der Küchentür, und die Schwarzwälderkirschtortenstücke in meiner rechten Hand wurden auf einmal sehr schwer. Ich starrte lange die Waffen an. Und dann sie.
Erst etwas später bemerkte ich, dass wir gar nicht allein waren. Zwei langhaarige Männer mit Bärten lehnten in selbst gestrickten Pullovern an den Küchenschränken und kifften. Sie begrüßten mich.
Ich wusste nicht, was los war. Alles, was ich sagte, war, ich habe Kuchen gekauft.
Als sie mich komisch ansahen, sagte ich noch, Schwarzwälderkirschtorte. Ich bemühte mich zu lächeln.
Die Revolution findet heute statt, sagte sie. Es klang trocken und klar.
Ich betrachtete ihren Mund. Ihre roten Lippen. Es war etwas Vertrautes, wie sie die Worte formten. Sie beruhigten, faszinierten mich, sodass ich den Kuchen abstellte und sagte, von mir aus.
Die beiden Langhaarigen begannen auf den Schwarzwälderkirschstücken herumzukauen. Schmeckt gut, sagte einer von ihnen, und der andere nickte mir zustimmend zu.
Wer ist das, fragte ich sie.
Schorsch und Georg, sagte sie.
Aha, machte ich. Und wer sind Schorsch und Georg.
Ein Teil der Bewegung, erwiderte sie und gab mir zu verstehen, dass es jetzt genug Fragen waren.
Und wer ist wer, fragte ich trotzdem noch.
Sie deutete auf den rechten, das ist Schorsch.

Aha, machte ich wieder.

Schorsch rülpste. Georg wischte sich die Hand an seiner dunklen Cordhose ab und reichte sie mir.

Es war heiß unter unseren Masken. Wo sie war, wusste ich nicht. Ich stand mit Schorsch in einer Seitenstraße. Wir teilten uns eine Zigarette, die wir durch die runde Öffnung in unseren Masken rauchten. Was wir hier genau taten, wusste ich nicht. Sie hatte gesagt, das müsste ich auch nicht. Schorsch würde es wissen. Er wäre der Anführer. Und ich die Bande.

Wir starrten angestrengt in eine Richtung der Dunkelheit. Es war schwarz. Mehr gab es da nicht zu sehen. Absolut nichts. Aber Schorsch wandte seinen Blick nicht ab.

Als ich etwas sagen wollte, legte er mir die Hand über die Öffnung in meiner Maske. Ich konnte seine Finger riechen. Sie rochen nach Arsch und Schwarzwald. Es war unangenehm, und ich entschloss mich zu schweigen.

Irgendwann passierte dann endlich was. Zwei Lichter tauchten in der Ferne auf. Ein Wagen mit eingeschalteten Scheinwerfern, was sonst.

Schorsch machte mir ein Zeichen, dass ich ihm folgen sollte. Ich schlich hinter ihm her in Richtung Straße. Dort warteten wir wieder.

Als der Wagen fast auf unserer Höhe war, stürmten wir raus und schossen, was das Zeug hielt. Es war ein Höllenlärm. Wir schossen unsere gesamten Magazine leer, und es machte mir großen Spaß. Man musste mit den Maschinengewehren nicht richtig zielen. Irgendwas wurde immer getroffen.

Das Auto kam ins Schleudern. Ein Scheinwerfer ging aus, und ein Stückchen weiter kam es dann zum Stehen.

Wir gingen hinterher und schossen jeder ein weiteres Magazin in das Innere des Wagens. Ich konnte sehen, wie unsere Kugeln in die Karosserie einschlugen, das Metall durchbohrten. Ich musste an das Ende von Bonnie und Clyde denken. In dem Film, den ich mal mit ihr gesehen hatte, bevor wir das erste Mal Sex hatten. Das Auto sah genauso aus. Wie ein Käsewagen, dachte ich bei mir und musste unter meiner Maske grinsen. Aber nicht richtig, nur ein kleines bisschen.

Wir näherten uns langsam dem Wagen. Schorsch hatte ein Messer gezogen. Es wirkte primitiv in seiner Hand, nachdem wir so einen Zirkus mit unseren Maschinengewehren angestellt hatten. Aber ich grinste nicht mehr.

Vorsichtig öffnete er die Beifahrertür, und ich dachte, dass jetzt jemand rausfallen würde. Ein Kopf runterhängen würde, so wie im Fernsehen. Aber das passierte nicht.

Schorsch machte mir ein Zeichen, und ich ging zu ihm. Spähte ins Wageninnere. Es war nur eine Person drin gewesen. Wir zogen sie raus und legten sie neben das Auto. Schorsch machte ein Feuerzeug an und leuchtete der Leiche in das, was mal das Gesicht gewesen sein könnte. Erst konnte man zwischen den ganzen Löchern gar nichts erkennen. Aber als wir die Augen zusammenkniffen, ging es. Es war wie Premiere gucken ohne Decoder. Man konnte jetzt fast deutlich das Gesicht sehen. Das menschliche Gehirn setzt die einzelnen Punkte im Kopf zu einem Ganzen zusammen, und ich traute meinen Augen nicht.

Vor uns lagen die Reste von Adolf Hitler.
Wir hatten Adolf Hitler getötet.
Mein Gott, wir hatten Adolf Hitler getötet.
Wie cool.
Wir hatten dem Führer aufgelauert und ihn dann samt seinem Opel Rekord auf irgendeiner Straße zersiebt. Ich konnte es nicht glauben. Doch ich musste zugeben, ich war sehr stolz auf mich.
Schorsch klopfte mir auf die Schultern. Gute Arbeit, sagte er.
Ich nickte verlegen und wurde rot unter meiner Maske. Aber das konnte Schorsch nicht sehen.
Wir verbrannten Adolf Hitler und sein Auto mit Schorschs Feuerzeug und gingen anschließend wieder nach Hause. Zurück zu ihr.

Georg und sie hatten Karten gespielt. Ein kommunistisches Kartenspiel, bei dem man nicht gewinnen konnte, aber auch nicht verlieren. Sie fiel mir sofort um den Hals, und nachdem Schorsch und ich alles erzählt hatten, sagte sie auch, dass sie sehr stolz auf mich wäre. Und selbst Georg sagte, dass er sehr stolz auf mich wäre, und ich musste kurz daran denken, dass Schorsch und Georg bestimmt schwul waren. Aber ich sagte nichts. Ich starrte in ihren Mund. Zwischen dem Rot ihrer halb geöffneten Lippen hindurch. Dorthin, wo Zuhause war. Dort, wo die Revolution begonnen hatte. Und ich presste mich an sie. An ihren roten Mund. Versuchte, mich hineinzuzwängen. Nach drinnen, wo es warm war.

Scheißromantik

Wenn sie sagt, dass sie ein Vogel sein möchte, lache ich natürlich nur und möchte ihr am liebsten ihre Scheißromantik in die Haare schmieren. Aber ich halte mich zurück. Lösche nur die Kerzen und ziehe mich aus. Nackt ist das alles immer noch leichter zu ertragen als angezogen. Meist zieht sie sich dann auch aus. Schweigt endlich, und wir schlafen miteinander.

Danach ist dann erst mal Ruhe. Wir haben es uns angewöhnt, hinterher nicht mehr miteinander zu reden. Sie hat aufgehört zu fragen, ob es schön für mich war, und ich habe sie noch nie danach gefragt. Mir ist es egal. Wir liegen verschwitzt nebeneinander und rauchen Zigaretten. Sie hat früher auch nicht geraucht. Ich habe sie erst dazu gebracht. Habe sie süchtig gemacht. Abhängig. Jetzt raucht sie mehr als ich. Und ich glaube, sie ist mittlerweile froh, dass das mit dem Miteinanderschlafen nicht allzu lange dauert. Sie schnell wieder rauchen kann. Ich glaube, sie raucht lieber, als dass sie mit mir schläft. Und ich muss zugeben, ich kann sie da verstehen.

Sie sagt in letzter Zeit auch nicht mehr so häufig, dass sie gerne ein Vogel sein möchte. Oder so andere romantische Sachen. Das habe ich ihr abgewöhnt. Wenn man es genau nimmt, sagt sie in letzter Zeit eigentlich fast gar nichts mehr. Nur noch die nötigsten Dinge, auf die es in einer Beziehung ankommt. Ist noch Klopapier da. Deine Mutter hat angerufen. Du riechst. Und ich finde, das reicht auch. Ich möchte kein Vogel sein. Ich möchte mir nicht vorstellen müssen, dass die Katze ein Pferd ist. Ich brauche keine Romantik zum Leben. Im Grunde möchte ich nur mit ihr schlafen und rauchen. Das reicht mir. Man muss nicht überall Sahne draufmachen. So tun, als wäre das Leben schön. Rosa. Hauptsache, man ist gesund, und es geht einem gut.

Sechshundert

Sie ist nicht wirklich schön. Jedenfalls nicht richtig. Sie ist nicht so wie die Bilder in den Zeitschriften. Sie schneidet sich die Haare selbst vor dem runden Spiegel im Bad. Sie näht sich ihre Kleidung aus alten Kleidern und Blusen ihrer toten Schwester. Schmuck trägt sie keinen. Und sie benutzt auch keine Kosmetika. Sie benutzt noch nicht mal Seife. Aber sie riecht nicht. Jedenfalls nicht wirklich schlimm.

Ich mag sie. Sie ist so, wie ich die Welt gerne hätte. Nicht schön, aber ehrlich. Reell, wie sie manchmal sagt, wenn ich ihr helfen muss, den eingenähten Reißverschluss in ihrem Kleid zu schließen. Er klemmt. Er wellt sich. Sie hat noch nicht besonders viele Reißverschlüsse in Kleider genäht. Auf dem Kleid sind unten kleine Zwerge und Mädchen. Ihre Schwester ist sehr früh gestorben. Es ist sehr bunt. Oben hat sie Blumen angebracht. Es ist hoch geschlossen. Sie hat einen schönen Hals. Ich küsse ihn manchmal, wenn sie schläft. Ich bin sehr zärtlich dabei. Man könnte auch sagen vorsichtig. Ich möchte sie nicht wecken. Sie weiß nicht, dass ich sie nachts küsse. Sie denkt, ich schlafe. Das stimmt auch. Aber ich schlafe nicht so lange, wie sie denkt. Die ersten zwei Stunden stelle ich mich nur schlafend. Warte ab, bis ihr Atem gleichmäßig zu werden beginnt. Zähle bis sechshundert. Dann küsse ich ihren Hals.

Ich weiß, dass sie es nicht mag, wenn ich sie küsse. Schon gar nicht auf den Hals. Es ist da mal was passiert. Das war beim Zähneputzen. Ich habe das Licht ausgemacht und sie auf den Hals geküsst. Sie hat mit zusammengebissenen Zähnen geschrien. Sie hatte ihre Zahnbürste noch im Mund. Sie hat mich weggedrückt. Hat mir ihre Finger in die Augenhöhlen gesteckt. Mich so von ihrem Hals weggebracht. Ich habe das Licht wieder anmachen müssen und habe nur noch gehört. Das gleichmäßige Geräusch der Zahnbürste auf ihrem Zahnbelag. Hin und her, und für einen Moment konnte ich nichts mehr sehen. Es brannte. Nur ganz allmählich kam das Licht wieder. Alles, was ich sah, war verschwommen.

Am nächsten Tag frühstückten wir zusammen. Eine normale Situation. Sie machte Witze mit der dunkelroten Marmelade. Ich lachte. Wir aßen. Doch irgendwann wurde sie dann auf einmal ganz ernst. Sie legte die angebissene Brötchenhälfte auf ihren Teller und sah mich fest an.
Ich mag das nicht, sagte sie.
Gut, sagte ich.
Dann lachte sie wieder, und wir aßen weiter.

Shooting

Sie fotografiert mich. Ich liege auf einem Leopardenfell und trage Tigerunterwäsche. Ansonsten trage ich nichts. Mir ist kalt. Meine Beine ragen weiß aus der Tigerunterwäsche hinaus. Aus der Beinhaut ist Gänsehaut geworden.

Auch die Wände des Zimmers sind weiß. Hinter mir ist eine Fototapete. Urwaldmotive, Dschungel. Ein Strahler ist auf mich gerichtet. Immer wieder kann ich ihren Fotoapparat hören. Ich lege mich mal so hin, mal so. Hebe theatralisch den Arm, strecke einen Fuß ganz lang aus. Sie macht jedes Mal ein Foto von mir.

Ich mache sonst eigentlich immer andere Fotos. Mehr für Skiunterwäsche oder Alpenschokolade. Ich bin heute nur eingesprungen. Für Mario. Mario ist krank und Südländer. Er würde hier viel besser reinpassen als ich. Ich passe hier überhaupt nicht her. Aber sie hat gesagt, die Fotos müssten heute fertig werden. Als ich mich ausgezogen habe, war sie nicht besonders begeistert.

Du gehst wohl nicht oft raus, hat sie gefragt.

Doch, habe ich gesagt und in eine Richtung gezeigt, in der normalerweise ein Fenster in der Wand wäre. Dahinter ist draußen. Sie hat das kapiert. Es regnet. Seit Tagen schon.

Es gibt Sonnenstudios, hat sie gesagt.

Ja, habe ich geantwortet.

Sie hat orange Scheiben in die Scheinwerfer eingesetzt. Das Licht soll mich ein bisschen südländischer machen. Ich stand nackt im Zimmer und habe ihr dabei zugesehen.

Hier, hat sie gesagt und mir die Tigerunterwäsche zugeschmissen.

Ich bin hineingeschlüpft. Sie hat im Schritt gekniffen. Und

ich glaube, sie ist noch nicht gewaschen worden. Sie juckt. Das ist bestimmt die Farbe, mit der sie sie tiger eingefärbt haben. Man muss die Wäsche eigentlich erst einmal waschen, bevor man sie tragen kann. Sonst juckt sie.
Die Unterhose juckt, habe ich gesagt.
Fick dich, hat sie gesagt. Leg dich auf das Fell, dass wir anfangen können. Dabei hat sie auf das Fell gezeigt, auf das ich mich legen sollte, damit wir anfangen konnten.
Sie ist ein Profi. Das weiß ich von Mario. Er hat es mir heute Morgen am Telefon gesagt. Mit verschnupfter Stimme. Sie verdient viel Geld mit den Fotos. Wir bekommen auch ein wenig dafür. Aber bei weitem nicht so viel wie sie. Ein paar Monate später hängen wir dann überall in der Stadt. Mario, wie er Espresso trinkt oder Martini. Ich, wie ich Schokolade esse oder Schier vor einer Fototapete mit Bergmotiven herumtrage. Wir werden oft darauf angesprochen. Die Leute erkennen uns auf der Straße. Wir sind die einzigen männlichen Models in der Stadt. Wir werden immer gebucht. Mario für Fotos, auf denen es warm aussehen soll. Ich für welche, auf denen es kalt aussehen soll.

Ich wollte nicht immer Model werden. Eigentlich wollte ich es nie werden. Ich wollte viel lieber große Autos fahren, LKWs oder Omnibusse, oder Kaufmann werden. Aber die Stadt, in der wir leben, ist klein. Es gibt nicht viele Arbeitsplätze hier, und die meisten, die es gibt, sind schon von denen besetzt, die vor uns auf der Welt waren. Wollen wir einen von ihren Arbeitsplätzen haben, müssen wir warten, bis sie sterben. So ist das bei uns in der Stadt.

Als ich nach der Schule zum Arbeitsamt gegangen bin, haben sie gesagt, viel hätten sie nicht. Aber eine Stelle als Model wäre in zwei Monaten frei. Das alte Model wäre gerade an einer Lungenentzündung erkrankt. Man denke nicht, dass er es noch lange machen würde. Da ich keine andere Wahl hatte, unterschrieb ich den Vertrag. Ein paar Wochen später rief man mich an und sagte, ich hätte Glück. Die Stelle wäre frei, das alte Model tot. Toll, sagte ich und freute mich, so schnell Arbeit gefunden zu haben.

Ein paar Tage später trat ich die Stelle an und wurde Model. Ich übte an einer Schule im Ausland mit noch anderen Models zusammen, wie man richtig Model wird. Wie man seine Extremitäten hält und seinen Körper bewegt, damit er schöner aussieht. Da habe ich Mario kennen gelernt. Ein Zufall, dass er aus derselben Stadt kommt wie ich. Wir haben uns angefreundet. Seitdem teilen wir uns die Aufträge.

Mittlerweile macht mir die Arbeit sogar Spaß. Ich lasse mich gerne fotografieren. Ich mag es, meine Fotos in der Stadt zu sehen, und wenn die Menschen mich erkennen und zu mir sagen, du hast wirklich tolle Haut, oder schöne Schier. Manchen darf ich auch ein Autogramm auf den Rücken ihrer Jacke malen.

Ey, träumst du, oder was. Sie schmeißt mir Leopardenunterwäsche zu. Wechselt das Leopardenfell gegen ein Tigerfell aus. Jetzt machen wir es umgekehrt, sagt sie.
Okay, sage ich.
Ich drapiere mich erneut vor dem Dschungel. Nehme wieder Haltung an.

Sie sagt nichts

Sie sagt nicht, dass sie manchmal denkt, dass meine Zähne falsch sind. Und dass mein Haar das eines anderen ist. Obwohl es ja braun ist wie meine Augenbrauen. Sie sagt auch nicht, dass sie manchmal findet, dass es zu viele Menschen gibt. Auf der Welt, aber auch in unserem Haus. Über uns und unter uns. Die ihr zu laut sind. Besonders nachts, wenn sie ruhig auf unserem Bett liegt und in ihren Büchern blättert. Den Büchern über Natur und Schifffahrt. Nur blättert, nicht darin liest. Obwohl sie manchmal so tut als ob. Ich weiß das. Sage ihr aber nichts, wenn sie mir nichts sagt. Ich nehme an, dass sie weiß, dass ich es weiß. Aber wenn sie nichts sagt, sage ich auch nichts.

Sie sagt auch nichts, wenn mein Bekannter zu Besuch kommt. Sie sitzt einfach nur stumm da, wo wir sitzen, und schaut uns beim Reden zu. Mein Bekannter ist nur einmal im Jahr bei uns. Weil er nicht hier wohnt, sondern in Köln. Er kommt an meinem Geburtstag, an den sie eigentlich nie denkt. Obwohl ich es ihr immer schon vorher sage, schon Tage vorher. Aber sie tut immer so, als hätte sie es vergessen. Manchmal gibt sie mir dann einen kleinen Kuss auf die Wange. Aber auch nur dann, wenn wir nicht alleine sind. Wenn mein Bekannter da ist und uns zusieht und dann denken muss, was für ein schönes Paar wir sind. Aber ich sage ihm nicht, wie es wirklich ist. Und sie redet nicht mit ihm. Jedenfalls nicht, wenn ich dabei bin. Verlasse ich kurz das Wohnzimmer, dann glaube ich manchmal ihre Stimme hören zu können. Ihre kleine, zerbrochene Stimme. Die ich manchmal nehmen möchte, um sie in eine Schachtel mit Watte zu legen. Ich würde ein kleines Schild darauf kleben, auf das ich schreibe *Ihre kleine zerbrochene Stimme*. Mit einem großen I am Anfang. In Schreibschrift. An besonderen Tagen, an meinem Geburtstag vielleicht, würde ich sie dann herausholen, um sie mir kurz anhören zu können. Danach käme sie dann wieder zurück in ihre Schachtel. In die Dunkelheit, in der sie sich bestimmt wohler fühlt als draußen am Tageslicht.

Komme ich ins Wohnzimmer zurück, sagt sie wieder nichts. Ich rede weiterhin allein mit meinem Bekannten. Oft weiß ich gar nicht immer so genau, was ich mit meinem Bekannten eigentlich die ganze Zeit reden soll. Und zuweilen würde ich mir dann schon wünschen, dass sie auch mal was sagt. Sich mit meinem Bekannten unterhält und ich mal schweigen kann. Nicht die ganze Zeit mit ihm reden muss. Aber sie sitzt nur stumm da und sieht uns zu. Schweigt, bis ich das Zimmer verlasse.

Ich glaube, also die letzten Male, wenn mein Bekannter zu meinen Geburtstagen gekommen ist, dass er gar nicht wegen mir und meinem Geburtstag kommt, sondern wegen ihr. Obwohl sie ja gar keinen Geburtstag hat. Jedenfalls nicht an meinem Geburtstag, sondern im Oktober. Aber da kommt er nicht. Er kommt immer nur im August. Obwohl es ja auch gut sein könnte, dass wir dann im Urlaub sind. Nicht dass wir fahren würden. Wir sind noch nie in den Urlaub gefahren. Aber es könnte ja sein. Alle fahren im August in den Urlaub. Auch mein Bekannter. Und dann kommt er nicht zu uns, dann kommt er erst nächstes Jahr wieder.

Ich sage dann manchmal zu ihr, ohne es böse zu meinen, jedenfalls nicht wirklich böse, dass es auch mal ganz schön ist ohne meinen Bekannten. Dass wir mal alleine sind an meinem Geburtstag und Zeit füreinander haben. Sie nickt dann manchmal sogar. Jedenfalls sieht es ein bisschen so aus, wenn sie auf dem Bett liegt und ich mich neben sie setze, um ihr das zu sagen. Und eigentlich würde ich ihr gerne noch etwas mehr sagen. Aber ich glaube nicht, dass das noch Sinn hätte. In letzter Zeit glaube ich nicht nur, dass sie nicht spricht, sondern dass sie auch nicht richtig hört. Vielleicht nicht gar nichts hört, sondern nur mich nicht. Die anderen Geräusche schon. Also Vögel zum Beispiel. Und vielleicht sagt sie ja auch deshalb nichts. Weil sie mich einfach nicht versteht. Sie hört gar nicht, wenn ich ihr sage, dass ich Geburtstag habe. Sie hört es einfach nicht. Und darum gibt es auch keine Geschenke oder dass sie sonst mal was sagt. Irgendetwas. Mittlerweile ist es mir fast schon egal, was sie sagt. Hauptsache, sie spricht überhaupt mal mit mir.

Aber sie denkt gar nicht daran. Sie interessiert überhaupt nicht, ob ich mit ihr reden will oder nicht. Sie will nicht reden. Sie hat ja ihre Worte in den Büchern. Und das scheint ihr zu reichen. Die Worte anderer, die man nicht hören kann. Sondern nur das Rascheln der Seiten, das ich manchmal aus unserem Schlafzimmer höre. Ich weiß dann, dass sie wieder auf unserem Bett liegt mit ihren Büchern und schweigt.

Manchmal denke ich auch, ich könnte hier tot umfallen im Wohnzimmer, und sie würde es gar nicht merken. Oder ich würde um Hilfe schreien, und sie würde nicht kommen. Weil es ihr egal ist. Weil ich ihr egal bin. Sie hat das nie gesagt. Aber ich glaube es trotzdem oft. Selbst wenn ich nach ihr sehe in unserem Schlafzimmer, weil sie mir nicht egal ist, sieht sie nicht auf. Auch nicht, wenn ich weine. Das ist dann noch nicht mal gespielt, ich muss wirklich weinen, weil ich das alles nicht ertragen kann. Dass sie nicht mit mir spricht. Noch nie mit mir gesprochen hat. Oft bin ich auch lieber alleine und weine im Wohnzimmer. Den Fernseher schalte ich dann aus. Aber manchmal gehe ich dann auch zu ihr in unser Schlafzimmer und weine extra da. Schmeiße mich zu ihr aufs Bett oder lege sogar meinen Kopf in eins ihrer Bücher über Natur oder Schifffahrt und weine. Die Tränen wellen die Seiten, wenn ich sehr traurig bin. Aber selbst dann sagt sie nichts. Macht nichts außer abzuwarten, bis ich wieder aufgehört habe mit dem Weinen und zurück in mein Zimmer gehe. Ins Wohnzimmer. Ich weiß nicht, was sie dann anschließend tut. Aber bestimmt wird sie dann einfach weiter in ihren Büchern blättern. Meine Tränen dazwischen pressen wie Laub, oder sie einfach wegwischen mit ihrer Bettdecke. Aber sagen tut sie nichts. Auch nicht, als ich mir einmal im Schlafzimmer alle Haare vom Kopf gebrannt habe und der Gestank wirklich unerträglich war. Sie hat noch nicht mal das Fenster geöffnet. Das musste ich selber machen. Ich musste dann auch laut schreien wegen der Schmerzen. Und da hat sie mich dann mal ganz kurz angesehen. So wie an meinem Geburtstag, wo ich meine, sie lächeln sehen zu können.

Aber in letzter Zeit denke ich immer häufiger, dass ich mir das alles nur einbilde. Sie öffnet den Mund ja sonst auch nicht. Sagt nichts, und ich frage sie ja auch schon gar nicht mehr. Es gibt keine Antworten mehr, habe ich einmal zu meinem Bekannten gesagt. Sogar in ihrem Beisein. Mein Bekannter hat dann nur gelacht und gesagt, dass es immer Antworten gäbe. Jaja, wenn der wüsste, habe ich gedacht, aber nicht gesagt. Er weiß ja nichts. Obwohl er ab und zu nachfragt und wir auch sonst miteinander reden. Aber in letzter Zeit fällt es mir immer schwerer, das Sprechen. Er ist eigentlich der Einzige, mit dem ich noch rede. Selbst meine Zähne setze ich kaum noch ein. Sie sind morgens immer so kalt, und brauchen tue ich sie ja eigentlich auch nicht mehr. Bis auf das Gespräch mit meinem Bekannten an meinem Geburtstag. Wenn er noch mal kommt. Die letzten Jahre ist er immer in den Urlaub gefahren. Geschrieben hat er nur im ersten Jahr. Danach nie wieder. Seitdem habe ich von meinem Bekannten nichts mehr gehört. Und ich weiß eigentlich auch gar nicht mehr, ob er noch mein Bekannter ist. Wir sind alleine an meinem Geburtstag. Und manchmal macht mir das richtig Angst, das Alleinsein. Ich stelle mir dann vor, dass sie einfach mal nicht mehr da sein könnte, wenn ich ins Schlafzimmer komme. Weil ich ja auch nicht nach ihr rufen könnte. Weil ich ihren Namen ja gar nicht weiß. Weil sie ihn mir nie gesagt hat, nie erwähnt hat. Ich denke mir oft einfach einen aus, um nach ihr rufen zu können. Ich nenne sie dann mal Monika oder Daniela. Oder Sabine. Aber das hat natürlich alles keinen Sinn. Sie kommt ja sowieso nicht, wenn ich sie rufe. Und dann habe ich Angst. Angst, alleine zu sein. Ohne sie, wenn noch nicht mal mein Bekannter da ist. Ich glaube, ich würde einfach im Wohnzimmer sitzen bleiben und warten. Vielleicht würde ich manchmal nochmal ins Schlafzimmer gehen, um zu sehen, ob sie vielleicht wieder da ist. Dort auf unserem Bett liegt und in ihren Büchern blättert. Über Natur und Schifffahrt.

Aber noch ist sie ja da. Obwohl ich im Moment nicht hören kann, wie sie mit den Seiten raschelt. Sie antwortet nicht, als ich nach ihr rufe. Aber das tut sie ja nie. Sie sagt ja noch nicht mal, dass sie denkt, dass die meisten Dinge an mir nicht echt sind. Dass meine Zähne falsch sind. Mein Haar das eines anderen ist. Sie sagt einfach nichts.

Sie spricht von Liebe und Überfällen

Marianne spricht von Liebe und Überfällen. Neulich auf die Haspa zum Beispiel. Zwei maskierte Männer mit schwarzen Waffen. Strumpfmaskengesichter. Sie zeigt mir das Bild der Überwachungskamera, das sie in der Zeitung abgedruckt haben. Daneben eine Telefonnummer für Hinweise. Die Männer tragen Bärte unter den Masken. Ihre Nasen sind platt. Sie sehen auf eine komische Art unheimlich aus. Oben an ihrem Kopf ist ein Zipfel, in den normalerweise ein Frauenfuß gehört. Marianne trägt auch solche Strumpfhosen. Mit Zwickel. Blickdicht. Ich weiß nicht, ob die maskierten Täter auch blickdichte Strumpfhosen tragen. Sehen müssen sie ja etwas, aber durchgucken soll ja auch niemand. Ein schwieriges Problem. Ob sie sich in der Strumpfhosenboutique beraten lassen haben. Wir brauchen eine Strumpfhose, in die man nicht hineinsehen, aber herausgucken kann. Nein, nein, eine reicht für uns beide. Wir teilen uns die. Sie müsste schon etwas breiter sein am Oberschenkel. So wie mein Kopf etwa.

Marianne unterbricht mich in meinen Überlegungen.

Du würdest nie eine Bank überfallen, sagt sie. Für mich. Für uns. Für die Zukunft. Für unser Kind.

Wir haben doch gar kein Kind, sage ich.

Ja, aber nur, weil wir uns das nicht leisten können.

Aber du wolltest doch nie Kinder.

Na ja, aber wenn wir Geld hätten, vielleicht.

Aber ich kann doch deswegen keine Bank überfallen.

Wenn du mich lieben würdest, dann schon.

Was hat denn das damit zu tun. Ich liebe dich doch.

Dann beweis es mir. Wenn du mich liebst, dann tust du es.

Andere Männer überfallen doch auch Banken für ihre Frauen. Warum du nicht.

Wer überfällt Banken für seine Frau. Herr Schröder vielleicht. Mit seinem schlimmen Bein. Oder Herr Guttorf. Der Spießer von oben. Bestimmt nicht.

Sie hält noch einmal die Zeitung mit dem Bild der beiden mit den Strumpfhosen hoch.

Die zum Beispiel, sagt sie.

Ihre Strumpfhose ist enger, als ich dachte. Ich schwitze. Es ist Anfang Juni. Ich stehe vor der Haspa bei uns um die Ecke. Ich hatte keine Lust, so weit zu laufen und später den ganzen Weg wieder zurückfliehen zu müssen. So sind es nur fünf Minuten bis zu uns. Ein Fluchtauto können wir uns nicht leisten. Selbst wenn. Wer sollte das denn fahren. Sie vielleicht.

In meiner dunklen Jeansjacke habe ich ein Feuerzeug. Kein normales Feuerzeug. Es sieht aus wie eine Pistole. Betätigt man den Abzug, springt vorne eine Flamme raus. Ich hoffe, dass ich den Abzug nicht betätigen muss. Ich käme mir albern vor.

Ich komme mir auch so albern vor. Am helllichten Tage mit einer Strumpfhose auf dem Kopf herumzulaufen. Aber was solls. Ich tue es für sie. Für uns. Für die Zukunft. Für unser Kind. Obwohl wir gar keins haben.

Ich habe noch einen Zettel bei mir. Da steht drauf, Das ist ein Überfall. Alles Geld her. Sonst knallts. Die Buchstaben habe ich zusammen mit ihr aus der Zeitung ausgeschnitten. Wir sehen viel fern. Daher haben wir die Idee. Damit sie die

Schreibmaschine nicht rausfinden, mit der das geschrieben ist. Ein anderer Grund ist aber auch, dass wir gar keine Schreibmaschine haben. Und mit der Hand hätte das ja keiner lesen können. Das muss man sich mal vorstellen. Der Kassierer dann, was heißt das. Das ist ein was.

Ich betrete die Filiale. Den Zettel habe ich schon in der Hand. Das Feuerzeug noch nicht. Ich habe Glück, die Bank ist leer. Sonst sind immer riesige Schlangen am Geldschalter. Muss man sich als Bankräuber eigentlich auch anstellen.

Am Schalter sitzt Herr Vogt. Das steht auf dem Namensschild. Außerdem kenne ich ihn. Herr Vogt ist ein netter Mann. Ich reiche ihm den Zettel. Er liest ihn sich ruhig durch. Sieht mich an. Ich zeige ihm das Feuerzeug. Er nickt. Haben Sie eine Tasche mit, fragt er.

Eine Tasche, ich schüttel den Kopf. Wieso eine Tasche. Ist es denn so viel.

Herr Vogt nickt wieder.

Na, dann nehme ich nicht alles auf einmal mit. Nur was ich tragen kann. Nur die großen Scheine erst mal.

Okay, sagt Herr Vogt.

Marianne besucht mich alle zwei Wochen. Sie bringt mir Zeitschriften mit. Sie sagt, dass drei Jahre gar nicht so lang sind, wie man sich das im ersten Moment vorstellt. Ein halbes wäre ja schon vergangen, und ihr wäre es gar nicht so lang vorgekommen. Ich solle es doch auch mal positiv sehen. So hätte ich wenigstens mal wieder Zeit für mich, und unserer Beziehung würde es ja nun auch ganz gut tun. Sie hätte immerhin wieder angefangen mit Yoga. Außerdem trä-

fe sie sich jetzt häufiger mit ihren Freundinnen. Früher hätte sie ja nie Zeit dafür gehabt. Der ganze Haushalt und so. Außerdem solle ich mal sehen, wie viel Geld wir jetzt dadurch sparen würden. Damit könnten wir doch dann was Schönes machen. Wenn ich wiederkäme. Vielleicht mal in den Urlaub fahren. Dänemark soll doch ganz schön sein.
Der junge Mann in der Uniform kommt an unseren Tisch. Er sagt, dass die Besuchszeit jetzt leider, leider um wäre.
Sie sagt, dass es nett ist, dass er uns Bescheid sagt. Sie hätte gar nicht auf die Uhr gesehen. Die Zeit völlig vergessen. Sie lacht. Wie schnell das geht, wenn man sich so nett unterhält. Das hätten wir ja auch schon lange nicht mehr gemacht.
Ja, sage ich.
Sie küsst mich zum Abschied auf den Mund.
Ihr Gesicht riecht nach draußen.
Ich spüre ihre Zunge in mir.
Ihr Atem ist in meinen Lungenflügeln.
Und sonst ist da gar nichts mehr.

Sie, sie, sie

Sie trägt kleine Spangen mit grün glitzernden Schmetterlingen im Haar. Sie trägt Sandalen und sagt Sandaletten dazu. Sie trägt nur Röcke, sie sind lang und meist ist das Muster auf ihnen braun. Sie hat schlechte Augen und muss eine Brille tragen, die Gläser sind dick. Sie hat kaum noch Zähne und sagt, ja, ja, das ist die Parodontose. Sie hat Schmutz unter den Fingernägeln und lackiert sie deshalb mit dunkelrotem Nagellack.
Sie ist deutlich älter als ich, und sie sieht auch so aus. Sie ist eine Frau, und ich bin fast noch ein Teenager. Der Zeitpunkt meiner Geschlechtsreife liegt noch nicht allzu lange zurück. Dadurch haben wir uns kennen gelernt. Ein Seminar über den Beginn der Geschlechtsreife. Ich war ein Teilnehmer, sie war die Seminarleiterin. Sie mochte mich, und wir sindanschließend essen gegangen. Sie musste bezahlen. Mein Taschengeld reichte für so was nicht. Sie hatte Verständnis dafür. Sie legte einen großen Schein auf die Untertasse, die der Kellner auf unseren Tisch gestellt hatte. Wir bekamen zwei Ouzos. Sie trank beide. Ich bekam ein Schokoladeneis.
Wenig später bin ich bei ihr eingezogen. Meine Eltern hatten mich rausgeschmissen. Meine Mutter sagte nur, ich wäre ein Perverser. Ihr eigener Sohn, schrie sie immer wieder, ihr eigener Sohn. Mein Vater schlug mir einfach nur ein paar Mal ins Gesicht. Er verletzte mich nicht ernsthaft. Es wurde einfach nur rot. Sie presste mir Eiswürfel auf die Wange und steckte mir ihre faltige Zunge tief in den Mund. Ich konnte sie für einen Moment in meiner Luftröhre spüren. Ich hob die Hand. Sie zog die Zunge wieder aus mir raus, und mein Körper wurde wieder ausreichend mit Luft versorgt.

Am nächsten Tag klingelte der Wecker sehr früh. Sie musste aufstehen. Ich konnte noch liegen bleiben. Mein Seminar zur Geschlechtsreife begann erst um zwei. Sie musste vorher noch Seminare geben zu den Themen *Menstruation, wenn man noch gar nicht so alt ist* und *Menstruation, wenn man doch schon ganz schön alt ist* und *Menstruation? Hab ich nicht.* Das wären Dinge, die mich nichts angingen, sagte sie. Und ich wurde noch nicht mal rot dabei, weil ich gar nicht so genau wusste, wovon sie da eigenlich sprach. Ich drehte mich einfach nur um und zog mir die Decke mit den Violinen über die Ohren. Wenig später schlief ich ein und träumte von Wesen mit Elefantenhaut, die sich die Mäuler rot angemalt hatten und meinen Namen riefen.

Ich blieb bei ihr wohnen. Ich war gerne in ihrer Nähe. Ich liebte sie auf meine Weise. Sie gab mir etwas, was mir fehlte. Was genau das war, konnte ich nicht sagen. Ich fühlte mich gut in ihrer Gegenwart, und es gab Momente, in denen ich glücklich war.
Die Probleme begannen erst sehr viel später.

Sie wollte, dass ich mir einen Bart stehen ließ. Mein Bartwuchs hatte gerade erst begonnen und noch lange nicht sein Endstadium erreicht. Es war mehr ein weißer Flaum, der mein Gesicht überzog und mich nicht gerade vorteilhaft erscheinen ließ. Aber ich hörte trotzdem auf, ihn abzurasieren. Ihr zuliebe.
Etwas später zwang sie mich, die Kleidung ihres verstorbenen Mannes zu tragen. Auch das machte ich noch mit. Sie

rechnete mir vor, wie viel Geld wir dadurch sparen würden, und es leuchtete mir ein.

Zu Weihnachten schenkte sie mir eine dicke Brille. Ich trug sie stillschweigend. Ich nahm in Kauf, dass ich aussah wie fünfzig. In Wirklichkeit war ich noch nicht mal halb so alt. Erst als sie damit anfing, ich sollte meine Haare verändern. Ich sollte sie mir grau färben und einen Teil davon wegrasieren, verließ ich sie. Es war einfach nicht mehr auszuhalten.

Ich hasse sie nicht. Ganz im Gegenteil. Ich bin ihr sehr dankbar für das, was sie für mich getan hat. Sie hat mir sehr geholfen in einer Zeit, in der ich orientierungslos war. Aber irgendwann war es dann auch genug. Ich musste lernen, auf eigenen Beinen zu stehen, mich nicht ausnutzen zu lassen. Und das habe ich getan. Ich bereue nichts.

Seitdem lebe ich mit einer Frau zusammen, die zwei Jahre jünger ist als ich. Ich rasiere mich wieder regelmäßig und trage Kleidung, die meinem Alter entsprechend ist.

Sommerloch

Lass mich nicht allein, flehe ich sie an.

Ich liege vor ihrem Neuwagen. Der Fahrerseite. Rolle mich zusammen im Teer. Umschlinge ihre Beine. Lecke an den Lederriemchen ihrer Sandalen. Ihre Haut dazwischen ist noch weiß.

Sie schüttelt den Schlüssel in ihrer Hand. Ein Klimpern wie von Insekten aus Metall. Aus den Augenwinkeln kann ich den Gepäckträger mit ihrem Koffer auf dem Auto sehen. Es ist Sommer. Sie will in den Urlaub fahren.

Lass mich nicht allein, sage ich noch einmal und höre auf, die Tränen in meinen Augen zu unterdrücken. Lasse sie aus meinem Gesicht laufen. Lasse sie in den Teer laufen, wo sie nicht versickern können.

Ach, lass man, sagt sie und beginnt nach mir zu treten. Versucht, mich von ihren weißen Füßen abzuschütteln. Aber ich bin ganz schön stark und halte mich weiter fest.

Sie probiert zu gehen, aber ich bin nicht nur ziemlich stark, ich bin auch ziemlich schwer, und sie kann nicht gehen mit mir an ihren Füßen.

Sie öffnet die Autotür. Sie will mich damit am Kopf treffen. Aber ich bin nicht nur ziemlich stark und ganz schön schwer, ich bin auch ziemlich klug. Ich presse meinen Kopf ganz fest nach unten auf ihre Füße. Die scharfe Metallkante der Wagentür schwingt über mich und meinen Kopf hinweg. Lass mich jetzt los, sagt sie. Sie ist ärgerlich. Das kann ich an ihrer Stimme hören. Sie klingt anders als sonst, wenn sie nett ist.

Nein, sage ich, ich lass dich nicht los.

Na gut, dann eben nicht, sagt sie, und ich bin für einen Mo-

ment unachtsam, weil ich mich aufs Sprechen und Hören konzentrieren muss. Dabei bekommt sie einen ihrer Füße frei. Sie stellt sich damit auf meinen Kopf und verlagert ihr ganzes Gewicht darauf. Es tut schon weh, das kann ich nicht anders sagen. Und für einen Moment bin ich überrascht, weil sie sonst eigentlich nicht so schwer ist. Wenn ich sie zum Beispiel auf meinen Händen durch die Wohnung trage oder sie einfach nur mal so hochhebe, um ihr zu zeigen, wie stark ich bin.
Ich lass nicht los, sage ich trotzdem, obwohl ich gar nicht mehr so richtig davon überzeugt bin. Es tut ziemlich weh. Also richtig weh. Außerdem habe ich Angst, dass mein Kopf zerplatzt wie in den Filmen, die wir immer sehen. Und ich weiß, dass man dann tot ist, wenn der Kopf zerplatzt. Ganz egal wie stark und schwer und schlau man ist.
Okayokayokay, sage ich. Ich lass dich los. Und ich lasse sie wirklich los. Es ist kein Trick.
Sie nimmt den Fuß von meinem Kopf und stellt ihn wieder auf den Teer. Ich stehe langsam auf und klopfe mir Schmutz von der Hose.
Entschuldigung, sage ich und strecke ihr meine Hand hin.
Sie nimmt sie und schüttelt sie. Okay, sagt sie.
Okay, sage ich auch und küsse sie, so fest ich kann, auf den Mund.
Sie lächelt, als sie sich wieder von meinem Mund befreit hat.
Musst du wirklich fahren, versuche ich es erneut.
Nein, sagt sie, ich muss nicht wirklich fahren.
Ich lächle und bin für einen Augenblick erleichtert. Schön, sage ich, dann lass uns wieder nach oben gehen.

Aber ich will fahren, sagt sie. Und ich merke, wie sie mit meinen Gefühlen spielt.

Du wirst bestimmt ertrinken im Meer, sage ich trotzig. Man kann ertrinken im Meer.

Ich weiß, sagt sie. Das sagst du jedes Jahr.

Ich habe eben Angst um dich, sage ich sehr gefühlvoll. Ist das denn so schlimm.

Nein, sagt sie. Das ist schön. Aber du musst lernen, mit deinen Gefühlen umzugehen. Jedes Jahr das gleiche Theater. Du kannst ja mitfahren.

Ich habe kein Geld, sage ich.

Ich weiß, sagt sie.

Wir sehen uns eine Weile in die Augen, und ich finde, dass sie etwas fremd aussieht. Ich weiß nicht, ob ich sie wiedererkennen werde, wenn sie wiederkommt.

Ich sage, ich weiß nicht, ob ich dich wiedererkennen werde, wenn du wiederkommst.

Sie sagt, das sagst du auch jedes Jahr.

Ja, sage ich, und dann fällt mir auch nichts mehr ein.

Bis bald, sagt sie und sitzt schon auf dem grauen Fellbezug hinter dem Ledersteuerrad.

Bis bald, sage ich.

Sie schlägt die Autotür zu. Winkt noch einmal hinter der Glasscheibe. Dann startet sie den Motor, und es ist so laut, dass wir jetzt auch nichts mehr sagen können. Sie winkt weiter. Fährt den Wagen einhändig aus der Parklücke. Dann die Straße runter.

Ich laufe ihr noch ein Stück hinterher. Ich kann sehen, wie

sie mich dabei im Rückspiegel beobachtet. Sie lächelt. Sie beschleunigt. Ich laufe ihr trotzdem weiter hinterher. Ich bin nicht nur ziemlich stark und schwer und klug, sondern ich kann auch ziemlich schnell laufen. Ich habe keine ernst zu nehmenden Schwierigkeiten, ihr bis zur Autobahn zu folgen. Sie muss oft halten, weil es viele Ampeln gibt auf dem Weg zum Meer. Erst auf der Autobahn bekomme ich Probleme. Das Stechen in meinen Lungen nimmt zu, bis ich irgendwann stehen bleiben muss. Es geht einfach nicht mehr.
Ich gehe wieder nach Hause. Ganz langsam wegen der Seitenstiche. Ich hebe dabei die Arme hoch und lasse sie dann wieder fallen. Ein Trick von einem früheren Sportlehrer von mir. Einem Flüchtling aus der DDR, der durch die Elbe geschwommen ist.
Zu Hause beginne ich dann die Tage zu zählen. Ich mache mit einem Bleistift einen Strich auf die Wand in unserem Schlafzimmer. Warte auf den nächsten Tag. Dabei sehe ich der Sonne beim Aufgehen zu. Und beim Untergehen auch.

sonnesehen

Lassa und ich hatten den Tag über in die Sonne gesehen. Unsere Augen tränten. Wir bekamen Fieber.

Wir hatten am Strand gesessen unter unseren türkisen Strohhüten und nichts getan, außer nach oben zu sehen und der Sonne mit unseren Blicken zu folgen. Wir waren morgens gekommen und sahen die Sonne über dem Wasser aufgehen. Anfangs änderte sich noch ihre Farbe, doch irgendwann war sie einfach nur noch gelb.

Mittags fingen unsere Augen an zu tränen. Die Sonne stand über unseren Köpfen, und wir sahen bunte Farben auf der Netzhaut. Der Hals tat uns weh, und wir waren froh, als wir die Liegestühle drehen konnten. Die Sonne sich allmählich dem Ende der Welt zu nähern begann, riesige Hotelkomplexe in maritimen Farben. Zwei, drei Stunden vielleicht noch, dann wäre die Sonne von hier aus nicht mehr zu sehen. Wir würden wieder auf unser Zimmer gehen und ihren restlichen Weg, einmal um die Welt herum, von dort aus betrachten. Noch mal drei, vielleicht auch vier Stunden, dann wäre es Nacht. Es gäbe nichts mehr zu tun, was mit der Sonne zu tun hätte. Wir hätten Zeit im Dunkeln. Wir könnten uns lieben, liebten wir uns.

Wir schwiegen den Tag über. Wir hatten noch nie viel miteinander geredet, und es gab keinen Grund, etwas zu sagen, die Sonne über unseren Köpfen. Die Menschen um uns herum blendeten wir aus. Für sie war kein Platz auf unserer Netzhaut, auf der sich immer mehr Farben zu sammeln begannen. In fleckigen Punkten, dass mir kaum noch Namen dafür einfielen. Die Menschen waren einfach nur grau und Striche. Sie passten nicht hinein, sie waren laut. Lachen,

Gläser, Worte, es roch nach Sonnenmilch, nach Kokos und England.

Ich nahm ihre Hand, drückte sie für einen Augenblick. Sie war ganz heiß. Ohne hinzusehen, ließ ich sie dann wieder los, weiter das Helle der Sonne in meinen Augen. Ich stellte sie mir braun vor, schlank, und wusste gar nicht, wie ihre Hände wirklich aussahen. Ich hatte sie noch nie angesehen und wusste, dass ich log. Ich hatte sie oft angesehen. Ich konnte mich nur nicht mehr an sie erinnern. Sie waren weg. Später am Abend lagen sie dann auf der Hotelzimmerfensterscheibe, und ich konnte sie ansehen. Zwischen ihren Handrücken die Sonne. Sie waren wirklich braun, und sie trug einen Ring. Ich überlegte, ob ihre Haut darunter weiß wäre. So weiß wie die Haut unter dem Polyester, die sie mir manchmal nachts zeigte. Im Halbdunkel. Das einzige Licht kam von draußen. Von den Schiffen, den Bars, den Diskotheken. Und ich glaubte, dass es auch unter dem Silber ganz weiß sein würde. Eine schutzbedürftige Stelle. Etwas, was mich an Dinge aus alten Büchern erinnern könnte.

Zwischen ihren Händen versank die Sonne. Dem Rahmen ihrer Finger. Zwei Winkel zwischen Daumen und Zeigefinger, die nicht viel Platz ließen für die Sonne. Die Welt von draußen.

Ich war froh, als die Sonne verschwunden war. Die Farben hatten nachgelassen. Auf der Netzhaut entstand Platz für neue Dinge.

Ich begann mich vom Fenster zu lösen. Sah sie wieder an. Hörte auf, sie mir nur vorzustellen. Machte ein paar Schritte rückwärts in das Halbdunkel des Zimmers hinein. Sie stützte sich weiter am Glas ab. Sie war wie ihre Hände. Braun und schlank, und das, was nicht ihr gehörte, war entweder rosa und aus Polyester oder Plüsch. Oder türkis und aus Stroh. Ich mochte ihre Sandalen. Ich mochte ihren Badeanzug. Es waren keine Blumen darauf, und die Farbe war mal die ihrer Haut gewesen. Am Anfang, als wir hier angekommen waren. Ich wusste nicht, wie lange das jetzt her war. Es hatte ausgesehen, als wäre sie ständig nackt. Nur dass es kaum noch Konturen an ihrem Körper gab. Keine Falten, keine Haare, keine Warzen. Sie war etwas Nacktes, Vollkommenes. Dann war ihre Haut rot geworden, ich hatte sie weiß eingecremt, und danach wurde sie nur noch braun, und es passierte nichts weiter.

Ich setzte mich aufs Bett, weil alles sich zu bewegen schien. Ich musste mich festhalten. Es gab keine Stangen in dem Zimmer. Ich sah nur noch das Bett, es war der größte Gegenstand im Raum. Ich ließ mich darauf fallen. Schloss die Augen, und die Feuchtigkeit, die sich unter meinen Lidern zu bilden begann, war angenehm. Sie lief zwischen meinen Wimpern hindurch nach draußen ins Zimmer.

Ich wusste nicht, was sie tat. Ich konnte sie nicht hören. Ich roch die Bettwäsche. Das Waschmittel, das roch wie in Deutschland. Und die Dinge hörten auf, sich zu bewegen, nur die Tränen liefen weiter. Und dann hörte ich sie doch. Die Sohlen ihrer Sandalen, den Teppich. Sie fielen zu Boden, und ich roch ihre Haut. Diese braune Haut, und das Polyester. Ich roch nur das, was draußen war. Im Zimmer. In der Hotelzimmerluft, die der Klimaanlage entströmte. Der man künstlichen Geruch beigemengt hatte. Geruch aus Deutschland. Wälder, Tannengeruch, Baumharz, und wieder ihre Haut.

Sie berührte mich und verschwamm, als ich sie ansehen wollte. Das Rosa nahm ich stärker wahr als das Braun. Und dann kam das Weiß und war viel heller als der Rest, und ich musste wieder an die Sonne aus den Stunden zuvor denken. Sie war kalt an den Stellen, an denen sie mich berührte. Sie war angenehm kalt. In ihrem Mund war etwas Warmes. Ich schob meine Zunge hinein, so tief ich konnte, und ich roch an der Haut in ihrem Gesicht. Von ganz nahem roch sie anders, die Wälder verschwanden wieder, und in ihren Augen war es weiß, um die Stellen, an denen es nicht weiß war. Der Schwindel setzte wieder ein. Ich spürte die Dinge unter meiner Haut mehr denn je. Hörte sie arbeiten. Hörte, wie die Flüssigkeit in ihnen hin und her lief. Die Wände hoch und wieder runter. Es war unangenehm. Es war ganz heiß, und ich begann mich tiefer in ihre Haut zu graben. Weiter hinein in das weiße Fleisch. Aber es kühlte nicht mehr richtig. Mir wurde nur noch wärmer, je tiefer ich in ihr versinken wollte, und ich wusste, dass das die Sonne war. Dass das von der Sonne kam. Dass man Fieber von der Sonne bekommen konnte. Und es hörte nicht mehr auf, dunkel zu sein in ihrer weißen Haut, in der kalten Haut. Und es blieb so dunkel wie das, was wir uns vorgestellt hatten. Den Tag über, in den Liegestühlen. Die Sonne über unseren Köpfen, die nur ein Kreis war. Ein platter Kreis, der uns allmählich verbrannte. Uns das Licht von der Netzhaut schmirgelte.

Ich schlug mit meinem Kopf gegen einen der wenigen Gegenstände im Zimmer. Ich spürte das kalte Glas ganz kurz darunter. Dann zerbrach es, und alles war nur noch Lärm. Es wurde so warm im Gesicht, und ich wusste nicht, ob meine Augen geöffnet oder geschlossen waren. Es war, als fehlte mir ein Muskel dort, um sie zu öffnen. Als fehlten die Schnüre an den Lidern, um sie zu heben. Die Schnüre waren verbrannt. Die dünnen Schnüre, die man nicht sehen konnte, weil sie zu durchsichtig waren.

Ich steckte mir meine Hände in die Augen. Probierte so, das Licht zurückzubringen. Sie zu öffnen. Etwas darin reparieren zu können. So wie man die Hände in Maschinen steckte. Aber es war einfach nur weich in ihnen, und ich wusste gar nicht, ob es warm oder kalt war. Ich wusste gar nichts mehr. Ich steckte meine Finger tiefer in sie hinein. Dachte an das Wasser, das ich gesehen hatte. Den Tag, die Sonne, die Sonne, und ich wusste, ich musste wieder hinaus. Dahin zurück, wo es das mal gegeben hatte. Das, was mal gewesen war. In mir. Vor mir. Hinter dem Licht in meinem Kopf. Es war fort. Fort.

Ich fiel. Spürte Lassa unter mir. Es war so warm, es gab die Wälder wieder. Es brannte in meinem Kopf. Ich fühlte ihre Hände, braun und schmal fuhren sie mir durch das Haar über meiner Stirn. Über dem Gehirn, in dem alles war, was ich gesehen hatte. Und es taumelte so in mir. Taumelte so sehr. Ich dachte wieder an die Lichter der Schiffe draußen, die Bars und Diskotheken. Und der Lärm war wieder da. Nur das Licht dazu fehlte. Und ich wusste, dass es etwas anderes geben würde. Etwas, was weiter weg lag.

Lassa ließ Wasser laufen. Es war hinter der Wand, hinter meinem Kopf, hinter dem Bett. Wasser lief. Die Leitung musste durch die Wand führen, durch das Hotel, durch die Wände. Es war dasselbe Wasser wie über uns. Es kam von unten. Das Wasser war kalt. Sie legte es in mein Gesicht. Wischte über die Stellen, an denen es noch brannte. An denen es so warm war, so warm, dass ich es mir schwarz vorzustellen begann. Schwarz wie alles, was noch kommen würde.

Es roch nach Kaffee im Zimmer. Lassa stand am Fenster. Das Fenster war geöffnet. Die Sonne war auf der anderen Seite. Um mich herum war es weiß. Ich sah ein Bild aus Öl. Schiffe waren darauf. Es war Nacht. Es brannte Licht an den Schiffen. Es spiegelte sich im Wasser. Das Wasser war das Meer. Es hatte zwei Farben.

Sterne und Herzen

Sie hat Sterne im Haar. Und ich trage die Herzen. Einen langen Weg hinter ihr her. Es tut weh an den Füßen. Wir sprechen nicht mehr miteinander. Wir haben uns alles gesagt, was zu sagen war. Jetzt sind wir stumm. Wir haben die Symbole. Sie hat Sterne im Haar. Und ich trage die Herzen.

Es ist Winter. Wir sind einkaufen gewesen. Bals ist Weihnachten. Vor unseren Mündern Dunst. Das gehört so.
Sie trägt laute Skikleidung. Sie raschelt vor mir. Der Stoff reibt ihr unter den Armen. Ich kann es deutlich hören. Auf ihrem Kopf trägt sie eine Wollmütze. Nachtmotive sind darauf gestickt. Monde und Sterne. Irgendwo eine Sternschnuppe, die sie umgekrempelt hat. Man kann sie nicht sehen. Man kann sich nichts wünschen. Aber ich weiß, dass sie da ist.
Ich höre meinen Stiefeln zu, wie sie durch den braunen Schnee matschen. Das weiße Fell an ihnen verklebt. Es hört auf, sich bei jedem Schritt zu bewegen. Hängt nur noch herunter wie ein nasser Hund. Ich bilde mir ein, es riechen zu können. Es riecht wie der tote Hund meiner toten Großeltern. Ein Geruch, der jetzt deutlich wieder da ist. Bingo. Das ist sein Name gewesen. Ich habe Jahre nicht mehr an ihn gedacht. Er war groß und braun. Und er roch nicht nur wie meine Stiefel, er sah auch so aus.
Ich muss die Tüten tragen. Zwei Plastiktüten voller Lebkuchen und Marzipan. Kleine Tiere und Herzen und Sterne und Brote. Ein Engel mit geschlossenen Augen aus weißer Schokolade. Es ist schwer. Es zieht an mir. Die Plastiktüten schneiden in meine Handflächen, und ich muss daran den-

ken, dass jeden Augenblick Blut aus meiner Hand spritzen kann. Ich überlege, was sie dann wohl machen würde. Aber ich nehme an, dass sie einfach weitergehen würde, ohne es zu bemerken. Sie ist schon einige Meter weiter als ich. Ich würde hier einfach liegen bleiben. Erfrieren. Verbluten. Und meine Stiefel würden sich voll saugen.

Wir haben uns gestritten. Es ist ein schlimmer Streit gewesen. Es ging um ihre Eltern. Ich mag sie nicht. Das weiß sie. Ich mag ihre Eltern überhaupt nicht. Und eben habe ich mich dazu hinreißen lassen, ihr zu sagen, dass ich ihre Eltern regelrecht hasse.

Auf den ersten Blick könnte man meinen, sie hätte nette Eltern. Ihre Eltern tragen ständig bunte Kleidung und nennen sich gegenseitig Päulsche und Engelsche. Sie scheinen immerzu zu lachen. Ihre Backen sind ganz rot geworden davon. Und sie sind dick. Verdammt dick.
Ich muss zu Päulsche und Engelsche Muddi und Vaddi sagen. Sie bestehen darauf. Sie sind böse, wenn ich es nicht tue. Sie lassen nicht zu, dass ich Herr und Frau Golombek zu ihnen sage. Ja, sie sind richtiggehend beleidigt. Einmal haben sie sogar gesagt, dass sie auf der Stelle wieder fahren würden, wenn ich sie nicht bei ihrem richtigen Namen nennen würde. Ich wäre nicht traurig darüber gewesen. Aber sie wäre es. Es hätte wieder Streit gegeben. Also habe ich ein leises Muddi und Vaddi herausgepresst und bin rot dabei geworden. Ihre Mutter nahm mich anschließend in die Arme und küsste mich auf den Mund. Und dann kam

auch noch ihr Vater und küsste mich ebenfalls auf den Mund. Und für einen Moment war da so ein Gefühl in mir. Ich glaubte kurz seine Zunge zwischen meinen Lippen zu spüren. Und ich hoffte inständig, dass ich mir das nur einbildete.
Ich sagte nichts. Ich schloss mich für eine Viertelstunde auf dem Klo ein. Ich kiffte leise am Fenster.

Ihre Eltern sind einfach entsetzlich. Rheinische Frohnaturen, die mich depressiv machen. Weihnachten ist es immer am schlimmsten. Sie kommen eine Woche vor Weihnachten, um alles in Ruhe vorbereiten zu können, und sie fahren erst eine Woche nach Silvester wieder ab, um alles in Ruhe aufräumen zu können.
Sie schlafen in unserem Bett wegen Päulsches Rücken. Wir schlafen im Wohnzimmer auf der Couch. Wir müssen zur selben Zeit wie sie ins Bett gehen, weil ihre Mutter nicht schlafen kann, wenn noch irgendwer wach ist. Und wir müssen um halb sieben wieder aufstehen, weil ihr Vater immer um diese Zeit aufsteht.
Morgens steht ihre Mutter dann neben der Couch und schreit schrill. Sie ruft, guten Morgen, meine kleinen Täubchen. Anschließend zieht sie uns die Decke weg, lacht eklig und reißt das Fenster auf. An Schlaf ist nicht mehr zu denken, und es tritt dann verstärkt morgens auf, dass ich anfange, mir Gedanken über den Tod zu machen. Ernsthafte Gedanken.

Heiligabend nötigen sie mich, Gedichte aufzusagen. Anschließend knutschen sie mich wieder nacheinander ab. Sie bringen mir meine Haare durcheinander.

Dann bekomme ich meine Geschenke. Von ihr eine blaue Unterhose, von ihm eine weiße mit Fußbällen darauf. Er zwinkert mir zu. Ich weiß doch, was Männer mögen, sagt er kumpelhaft. Danach schlägt er mir in die Rippen.

Das wäre ja fast noch zu ertragen. Aber damit ist es noch lange nicht genug. Sie zwingen mich, die Unterhosen gleich anzuziehen. Nur um zu sehen, ob sie auch passen. Wenig später stehe ich dann halb nackt neben dem Tannenbaum. Erst mit einer blauen Unterhose, ein paar Minuten später mit einer weißen mit Fußbällen darauf. Ihre Mutter greift mir in den Schritt, um zu sehen, ob ich noch Platz habe. Ob sie auch nicht zwicken würde, sie schreit wieder so schrill. Den Rest des Heiligen Abends verbringe ich dann in Unterhosen auf der Couch. Ich trinke in schnellen Zügen Calvados.

Silvester hören sie nicht auf zu lachen. Es ist ein Lärm im Wohnzimmer. Sie schreien nur noch. Wenn es dann endlich Mitternacht ist, muss ich mit ihrem Vater rausgehen. Wir lassen eine Rakete steigen. Die Frauen bleiben oben und sehen uns vom Fenster aus zu. Sie brüllen Anweisungen herunter. Ihr Vater schlägt mir wieder in die Rippen. Raketen sind Männersache, sagt er. Anschließend hält er mir einen Vortrag über die Erfindung des Schwarzpulvers. Er endet in einem philosophischen Monolog über die damit verbundenen Konsequenzen für die Menschheit.

Es ist weit nach eins, als sich endlich unsere Rakete müde ihren Weg in den Himmel bahnt. Dort explodiert sie leise. Kehrt orange ihr Inneres nach außen. Puff, und das ist es dann auch schon gewesen. Wir haben wieder zu Bett zu gehen.
Ich liege wach neben ihr. Zähle Tage. Ich brauche dazu immer noch zwei Hände.

Hase, warte, schreie ich die Einkaufspassage hinunter. Mehrere alte Menschen drehen sich nach mir um. Sie lächeln mich an. Aber ich lasse sie stehen. Laufe an ihnen vorbei, um sie einzuholen.
Ich halte sie an der Schulter fest. Sie sieht mich an. Sie tut so, als ob sie weint. Sie hat sich Spucke in die Augen geschmiert. Ich kann es riechen.
Es tut mir Leid, sage ich. Ich lächle. Es schmerzt an den Zähnen. Der Wind pfeift. Er ist kalt. Schneidet in meinem Mund. Meine Lippen springen. Ich schmecke Blut.
Sie sagt nichts.
Ich fahre mit meinem Daumen über ihre Augen. Du hast da was, sage ich. Ich höre nicht auf zu lächeln. Halte ihr Gesicht in meinen Händen, um es romantisch zu wärmen. Die Einkaufstüten zwischen meinen Beinen.
Sie sieht mich an. Ihre Augen sind jetzt trocken. Meine Hände schirmen die Menschen ab. Die Wirklichkeit. Wir könnten uns jetzt vorstellen, woanders zu sein. Südsee.
Ich habe es nicht so gemeint, sage ich.
Ist schon gut, sagt sie.
Ich küsse sie. Ihre Lippen sind weich. Ich kann meine an ihren spüren. Sie sind rau. Aufgesprungen.

Ich nehme die Einkaufstüten wieder vom Boden. Sie greift nach meiner Hand. Wir gehen die Straße weiter runter. Verschwinden wenig später unter der Erde.

Stiller Abend

Sie lag auf dem Teppich und weinte, als ich nach Hause kam. Ich machte einen Schritt über sie hinweg. Zog meine Schafsjacke aus. Ging ins Bad. Wusch mir die Hände, den Schritt. Zog mir die Sachen im Schlafzimmer aus. Hängte sie vors Fenster, um sie morgen wieder tragen zu können. Die Socken, die Unterwäsche behielt ich an. Ich zog mir Sportsachen über. Hockte mich damit vor den geöffneten Kühlschrank. Betrachtete Nahrung. Auf dem Weg dorthin musste ich wieder über sie hinwegsteigen. Sie lag unverändert dort. Weinte. Aber relativ leise. In der Küche hörte ich es kaum. Ich nahm nur noch das Schluchzen wahr, wenn sie hochzog. Ich holte mir Bier in braunen Flaschen heraus. Eingeschweißte Käsebrote. Kleine Gurken. Große, orange Kürbisstücke aus Gläsern. Ich klemmte mir die Dinge unter die Arme. Ging damit ins Wohnzimmer. Stellte alles auf den Couchtisch. Setzte mich davor. Schaltete den Fernseher nicht an. Öffnete das Fenster.
Draußen war Leben.
Ich biss in eine Gurke. Essig tropfte von meinen Fingerkuppen. Essig ist sauer. Ich riss eins der Brote aus seiner Verpackung. Biss hinein, um zu neutralisieren. Ich biss große Stücke hinaus. Kaute wenig, schluckte schnell. Je schneller ich aß, umso schneller wurde ich satt. Ich war schnell satt. Dann öffnete ich das Bier in meinem Mund. Kaute auf dem Deckel herum wegen des Metallgeschmacks. Spuckte ihn wieder aus. Trank von dem Bier. Erst ebenfalls schnell, dann in unregelmäßigen Abständen. Das tat ich jeden Abend. Ich tat so, als hätte ich Feierabend. Ich tat so, als hätte ich Arbeit. Sie tat so, als wäre sie Hausfrau. Sie tat so, als wäre ihr

das alles zu viel. Jeden Abend, wenn ich wieder nach Hause kam. Mich den Tag über in Parkanlagen herumgetrieben hatte, im Sommer. Münzen in Geldspielgeräte gesteckt hatte, im Winter. Sie den Tag über die Fenster geputzt und abgewaschen hatte, was es abzuwaschen gab. Wir aßen nicht viel. Wir aßen ohne Geschirr. Wir lebten von der Hand in den Mund. Wir lebten aus Verpackungen. Wir zerschnitten nichts. Wir zerbissen. Wir tranken kalte Sachen direkt aus den Flaschen, Packungen, in denen sie verpackt waren. Besuch bekamen wir keinen. Die Menschen taten so, als würden sie uns nicht kennen. Wir akzeptierten das. Blieben allein. Taten so, als wäre uns das recht. Wir suchten keinen Kontakt. Wir waren ruhig. Wir unterhielten uns nicht miteinander. Wir kannten uns. Im Treppenhaus schwieg ich, grüßte nicht. Hielt die Aktentasche fester in meiner Hand. Ich war nie lange im Treppenhaus. Wir lebten im ersten Stock. Genossen die Aussicht. Eine Hausfassade, die man alle fünf Jahre neu strich. Rosa. Rot. Grün. Wir taten so, als lebten wir gerne hier. Hatten Antworten parat, hätte uns wer gefragt. Hätten wir an Umfragen teilgenommen. Hätte wer angerufen, um uns zu erfassen. Für die Statistik. Wir waren normal. Wir waren wie alle. Wir repräsentierten einen Teil der Gesellschaft. Aber wir hatten kein Telefon. Wir hatten nie eins installieren lassen. Selbst am Anfang nicht, als es so ausgesehen hatte, als wären wir glücklich. Es schien uns keinen Sinn zu ergeben, Gespräche zu führen. Mit Fremden, die man nicht kannte. Die man nicht sah. So blieb es also stumm um uns. Stille.

Tanz der Fische

Die Fische tanzen, sagt sie.

Ihre Augen sind so dunkel, dass ich Mühe habe, in sie hineinzusehen.

Was machen die Fische, frage ich.

Sie tanzen, sagt sie. Sie tanzen im Wasser.

Ihr dicker Finger drückt gegen das blaue Glas des Aquariums. Die orangen Fische beginnen schneller zu schwimmen. Weg von dem Finger. In die gegenüberliegende Ecke.

Sieh doch nur, sagt sie.

Das ist wegen deinem Finger, sage ich. Deinem dicken Finger.

Sie dreht die Musik eines toten Komponisten lauter. Beginnt in ihrem altmodischen Kleid um das Aquarium zu tanzen. Sie freut sich. Ihre dicke Bernsteinkette fliegt dabei immer wieder in die Luft. Schlägt ihr gegen das Gesicht. Aber das scheint sie nicht zu stören. Sie hat kein Schmerzempfinden mehr. Sie ist bestimmt auf Drogen, denke ich.

Du bist bestimmt auf Drogen, brülle ich ins Zimmer.

Aber sie hört mich nicht. Sie hüpft einfach weiter herum. Sie freut sich. Die Fische schwimmen aufgeregt im Wasser hin und her. Sie könnten einem Leid tun. Aber mein Gott, es sind nur Fische. Fische sind für mich keine Tiere. Fische sind bewegliche Lebensmittel. In meiner Empfindung sind sie nur ein bisschen mehr als Gemüse. Sie tun mir nicht Leid. So wie einem auch keine zertretene Kartoffel Leid tut. Oder eine zerteilte Paprika. Aber ich fange an, mir Sorgen um sie zu machen. Sie scheint etwas am Kopf zu haben. Sie ist nicht zu bremsen.

Ich schalte die Musik leiser. Aber sie hüpft weiter herum.

Ich beschimpfe sie mit richtig schlimmen Sachen. Aber sie hüpft einfach nur weiter herum.
Ich spucke sie an. Aber sie hüpft immer nur weiter herum.
Ich tue so, als wenn ich sterbe. Und sie hüpft doch nur weiter.
Ich stelle ihr ein Bein. Und sie fällt lang hin.
Und auf einmal ist es ganz ruhig.
Sie ist aufs Gesicht gefallen. Selbst wenn sie wollte, könnte sie jetzt nichts mehr sagen. Jetzt ist erst mal Feierabend mit dem Quatsch. Sie heult. Sie ist überhaupt nicht mehr fröhlich. Ihr ist die Nase zur Seite weggebrochen. Sie blutet.

Später. Sie hat sich wieder beruhigt. Wir sitzen im Wohnzimmer. Ich halte ihr Taschentücher hin. Und sie lächelt schon wieder.
Wie machen Fische eigentlich Liebe, fragt sie.
Ich bewege zwei meiner weißen Finger, um es anzudeuten.
So ungefähr, sage ich. Dabei bewege ich die Finger schneller auf und ab.
Süß, sagt sie.
Ja, sage ich. Verfickte Fische, denke ich.

Tatsachen über Angelika

Angelika war schwanger, als sie aus dem Urlaub wiederkam. Sie sagte, sie hätte Spiele gespielt am Strand.

Ich rührte Kakaopulver in meine Milch. Sah den braunen Klumpen zu, wie sie allmählich verschwanden.

Du bist braun geworden, sagte ich, nachdem die Milch zu Kakao geworden war.

Ja, sagte sie. Wir haben draußen geschlafen.

Angelika war traurig, seitdem sie zurück war. Sie hockte auf ihrem Bett, blickte aus dem Fenster in den Hof mit dem grauen Apfelbaum. Sie sah noch nicht einmal auf, als ich das Zimmer betrat.

Angelika, sagte ich.

Angelika sagte nichts. Sie rührte sich nicht.

Ich berührte sie mit meinen Händen im Gesicht. Sie waren heiß. Ich hatte zuvor noch auf ihnen gesessen.

Es ist wegen Conny, sagte sie. Traurig sagte sie es.

Conny war ihr Pferd. Es stand gelähmt unten im Stall. Es hatte einen Unfall gegeben, während sie weg gewesen war. Wir hatten zu dritt auf ihm gesessen und Bier getrunken. Wir waren übermütig. Conny war gefallen. Etwas hatte aus dem Boden herausgestanden. Conny konnte seitdem nur noch den Kopf bewegen. Sie war gelähmt. Eine traurige Geschichte. Da hatte sie schon Recht.

Ich ließ ihr Gesicht wieder los und ging nach draußen. Ich mag die Luft in unserem Hof. Sie macht meinen Kopf frei. Ich atme gerne Hofluft.

In acht Monaten würde das Kind kommen. In fünf Jahren würde es auf dem Hof mit anpacken. Es könnte die Ställe machen. Morgens in der Früh die Kühe melken. Ich würde es Joseph nennen. Ich würde es Sepp rufen. Wäre es ein Mädchen, würde ich es Magd nennen. Ich würde es nicht rufen. Es hätte die Dinge im Haus zu tun.

Angelika stand auf einmal neben mir. Ich hatte sie nicht kommen gehört. Wir sahen in die Ferne. Dorthin, wo abends die Sonne unterging. Die Hühner gackerten laut. Ich schoss einem den Kopf ab. Die übrigen Hühner wurden ruhig. Wir genossen die Stille.

Mir machte es nichts, dass Angelika etwas mit anderen Männern hatte. Ja, es war mir fast egal, solange sie ihren Pflichten auf dem Hof nachkam. Der Hof war mir wichtig. Angelika war nur da, weil ein Mann nun einmal eine Frau brauchte. Angelika war die Tochter der Nachbarsfamilie meiner Eltern. Man hatte uns früh einander versprochen. Mir war das egal. Frauen interessierten mich nicht. Aber Angelika hatte eigentlich einen anderen geliebt. Doch versprochen war versprochen.
Sie war die ersten Jahre nach unserer Hochzeit sehr traurig und depressiv. Doch allmählich schien sie sich daran gewöhnt zu haben. Ich ließ ihr Zeit. Sie fuhr einmal im Jahr in den Urlaub. Allein. Dort traf sie sich mit anderen Männern. Ich wusste davon. Ich konnte das akzeptieren. Auch die Dinge, die sie da taten. Ja, ich war sogar froh darüber, dass sie jetzt schwanger war. Sie mir einen Nachfolger für den

Hof gebar. Ich selbst war dazu nicht mehr in der Lage. Ein weiterer Unfall mit einem Pferd, bei dem es das Pferd besser getroffen hatte.

Mich erfüllte das Leben, das wir führten. Ich wollte nie etwas anderes tun. Das liegt in meiner Familie. Mein Vater war Bauer. Mein Großvater war Bauer. Unser Hof gehörte einmal ihm. Er starb eines natürlichen Todes. Ich habe den Hof geerbt. Seine Frau lebte noch ein Jahr bei uns. Hinten in einer kleinen Kammer. Angelika las ihr manchmal aus der Bibel vor oder strickte bunte Schals mit ihr. Wir haben sie nach ihrem Tod neben meinem Großvater begraben. Hinten bei den Pferdeställen. Er wollte es so. Er wollte seinen Hof niemals verlassen.

Ich weiß, dass Angelika sich ihr Leben anders vorgestellt hatte. Sie sagte nichts, ich fragte nicht. Aber ich denke schon, hätte sie wählen können, sie hätte sich auf alle Fälle gegen mich und den Hof entschieden. Doch es war anders gekommen. Angelika hatte nicht wählen können, und sie schien sich damit abgefunden zu haben. Sie bekam die Zeit gut rum. Und manchmal wirkte sie sogar zufrieden. Sie richtete uns ein gemütliches Heim ein. Sie malte Kornblumen auf die großen, grünen Bauernschränke. Flocht Gestecke aus dem, was die Natur gerade zu bieten hatte. Nähte Vorhänge und Tischdecken. Strickte uns unsere Kleidung. Und manchmal musste es so aussehen, als wenn wir glücklich wären. Würde man abends durch das Fenster in unsere erleuchtete Stube blicken. Die Kerzen sind an. Angelika sitzt da mit Handarbeiten auf ihrem Schoß. Ich rauche Pfeife und blicke in das offene Feuer im Kamin. Idylle, denke ich. Idylle.

Trotzdem dachte ich oft genug, wenn sie im Sommer in den Urlaub fuhr, dass sie nicht mehr zurückkehren würde. Dass sie einfach dort blieb. Mit einem Pedro, einem Antonio eine kleine Pension aufmachte und spanische Kinder gebar. Ein Leben, das vermutlich mehr zu ihr gepasst hätte. Doch jedes Jahr wieder fuhr pünktlich das Taxi auf unseren Hof. Sie stieg aus. Braun gebrannt, und sie lächelte sogar. Wir nahmen uns in den Arm. Tranken draußen im Hof Kaffee. Ich hatte Kuchen gekauft. Sie erzählte von Spanien. Dass es sehr warm dort sei. Dass es dort Palmen gab. Dass es angenehm war, im Meer zu baden. Und ich hörte ihr interessiert zu. Zum Abendbrot gab es dann ein Schwein, das ich am Tage geschlachtet hatte. Sie aß gerne frisches Fleisch.

Das Kind hatte wesentlich dunklere Haut als ich. Sie sagte, der Vater wäre Spanier gewesen. Er hätte Enrique geheißen. Sein Vater wäre reich, er selbst nicht. Er hätte ein Moped, mit dem er die Promenade auf und ab fahren würde. Er verbrächte die meiste Zeit in Cafés und würde nett lächeln. Er sähe sehr gut aus. Sie hatte mit ihm geschlafen. Es hätte Spaß gemacht. Sie hätten es mehrere Male getan. Dann hätte sie wieder abreisen müssen. Sie würde ihn nicht wieder sehen.
Ich mochte das Kind. Es war ein Junge. Er entwickelte sich prächtig. Seine dunklere Hautfarbe störte mich nicht. Wir hatten keine Nachbarn. Ich brachte ihm die Dinge bei, die er wissen musste. Er fing früh an, auf dem Hof mitzuhelfen. Mit sechs konnte er die meisten Dinge schon alleine verrichten. Jedenfalls die Dinge, zu denen ihm nicht die nötige Kraft fehlte.

Ich liebte ihn. Als wäre er mein eigen Fleisch und Blut. Ich war stolz auf ihn. Ich hätte mir einen besseren Nachfolger nicht wünschen können. Er liebte die Tiere, den Hof, die Natur drum herum. Es gab keine andere Welt für ihn.

Mich raffte es sehr früh dahin. Das Schicksal wollte es so. Das Leben auf dem Land ist härter, als die Leute in der Stadt denken. Härter, als es in den bunten Bilderbüchern ihrer Kinder aufgemalt ist.
Ich hatte mein fünfzigstes Lebensjahr noch nicht ganz vollendet, als es mit mir zu Ende ging. Ich lag in der Kammer, in der auch schon meine Großmutter gestorben war. Angelika hatte Kerzen um mich herum drapiert. Die Fenster waren verdunkelt. Von draußen nahm ich schwach die Tiere wahr. Ich wusste schon nicht mehr, welche Jahreszeit es war. Ich fror ständig.
Mein Junge saß auf der Kante meines Betts und hielt meine Hand. Ich hätte ihm noch gerne ein paar Dinge mit auf den Weg gegeben, aber das Sprechen fiel mir schon immer schwer, und nun ging es gar nicht mehr. Ich lag nur noch da und sah ihn an. Verschwommen. Drückte seine Hand, und er lief kurz raus, um seine Mutter zu holen. Wenig später saßen sie beide bei mir auf dem Bett. Jeder hielt mir eine Hand. Angelika küsste mir die Stirn.
Ich hielt Glück immer für ein Hirngespinst. Etwas, was man sich ersponnen hatte, um die Härte des Lebens leichter ertragen zu können. Aber in diesem Moment, in diesem meinem letzten Moment, war ich so zufrieden, wie ich es noch nie in meinem Leben gewesen war. Ich war glücklich, und

es war schade, dass ich es nicht noch länger aushalten konnte. Die Augen wurden mir geschlossen. Sie fielen mir einfach zu. Die letzte Luft floh meine Lungen mit einem kleinen Seufzer, und es sollte eins der letzten Geräusche sein, die ich hörte. Ich spürte ihre Hände an mir. Sie waren kühl und schwarz. Sie flüsterten. Und draußen krähte der Hahn. Es war Zeit zum Aufstehen.

ticken

Etwas tickt in ihr, sagt sie. Sie sagt es manchmal. Sie sagt es aber nicht so oft. Sie sagt es im Wohnzimmer. Neben mir auf dem Leder. Ab und zu auch in der Küche, wenn es dort ist wie Winter zwischen den Kacheln. Einmal auch im Bad. Da haben wir uns unsere Gesichter im Spiegel angesehen. Jeder das des anderen.

Etwas tickt in mir, sagt sie dann leise. Und der rosa Spalt schnappt auf und zu. Ich kann es sehen. Und denke an Schlimmeres. Sage aber nichts.

Weil das Herz so schwach ist, sagt sie.

Sie greift nach meiner Hand. Wir verschwinden zwischen den braunen Rauten auf den Wänden um uns. Wir haben keine Möbel davor gestellt. Wir haben eine Couch in die Mitte des Zimmers gestellt. Darauf sitzen wir. Wir fassen uns an.

Manchmal reden wir so Dinge. Komische Dinge. Wir tun, als wenn wir auf Heroin wären. Ansonsten sind wir ganz normal. Keiner von uns glaubt, dass es in ihr tickt. Aber seit die Männer mit dem Vogel da waren, um den Fernseher abzuholen, gibt es nicht mehr viele Dinge, die wir tun könnten. Wir haben keine Lust, den ganzen Tag nur miteinander zu schlafen. Das wird langweilig. Außerdem wird man wund davon, und man kann nicht mehr richtig sitzen. Und dann noch den ganzen Tag zu stehen ohne Fernseher, das ist noch schlimmer.

Wir reden also.

Da bei uns nicht viel passiert, gibt es eigentlich auch nicht viel zu reden für uns. Wir mussten uns was einfallen lassen.

Wir haben uns dann das mit den Drogen ausgedacht. Weil wir gerne Drogen nehmen würden, aber kein Geld dafür haben. Wir müssten kriminell werden. Und das ist verboten. Darum machen wir das nicht. Wir wollen anständig bleiben. Sauber bleiben, wie ihr Vater immer sagt, und mir dann seine große Hand auf die Schulter schlägt.

Unser Wissen über Drogen und deren Wirkung beziehen wir aus Büchern. Also aus einem Buch. Das über den Bahnhof. Wir haben es uns gegenseitig vorgelesen. Wir haben viel gelacht. Und manchmal habe ich sie scherzhaft, also aus Ulk, Christiane genannt. Und sie hat dann Detlef zu mir gesagt, was noch lustiger war, weil ich eigentlich Dieter heiße. Und Dieter ist ja fast wie Detlef. Und das war irgendwie noch realer. Und wir sind noch mehr abgegangen, wie Detlef sagen würde. Also, der richtige Detlef, nicht ich. Ich tue ja nur so. Ich bin ein Blender. Ein Nachmacher. Ein Plappermäulchen.

Manchmal, wenn wir genug so getan haben, als wenn wir voll auf Drogen wären, also high wären, spielen wir Entzug. Wir machen die Heizung aus, reißen die Fenster auf und kleben uns voll mit diesen ABC-Pflastern. Wir schwitzen davon. Aber uns ist auch total kalt. Wegen den Fenstern und der Heizung. Das sieht total echt aus. Wie richtiger kalter Schweiß. Voll auf Turkey, denke ich immer. Und dann trinken wir ganz viel Rotwein und reißen die Tapete im Flur ab. Dabei zucken wir total echt. Und ich schreie immer Christiane, Christiane, und muss aufpassen, dass ich nicht anfange voll loszulachen. Weil es dann nicht mehr echt ist. Und sie kreischt dann immer Detlef und zuckt total doll und schmeißt sich auf den Fußboden und zuckt da voll noch weiter rum. Und das kann sie total gut machen. Und irgendwann übergeben wir uns dann. Spucken den roten Wein wieder aus. Und dann essen wir ganz viel Aspirin und tun so, als wäre das voll das Valium. Und sie schreit immer Valium, Valium, Valium. Total geil. Und ich immer so, Christiane, Christiane. Voll echt mit dem ganzen kalten Schweiß, und die Tapete voll ab im Flur. Super witzig ist das.

Manchmal spielen wir auch Sid und Nancy. Aber nicht so oft. Weil das wehtut. Ich muss mir dann immer die Brust aufschneiden und da Sachen reinritzen, die sie mir diktiert. Und manchmal, wenn sie ganz witzig sein will, diktiert sie mir voll lange Sachen, die gar nicht alle auf meine Brust draufpassen. Alles auf Englisch natürlich. Das gehört dazu. Wir sprechen dann nur englisch. Damit das noch echter ist. Und sie weiß, dass ich nicht so gut Englisch kann. Und ich sage dann meistens gar nichts. Ich muss mir ja eh nur die ganze Zeit Buchstaben in die Brust schneiden. Und das ist dann immer falsch geschrieben. Und dann lacht sie voll gemein. Und ich tue so, als wenn ich böse werde. Was meist nicht so schwer ist, weil ich wirklich böse bin. Weil ich es voll nicht abkann, wenn man über mich lacht. Und bei ihr kann ich das schon gar nicht ab. Und dann tue ich so, als wenn ich sie umbringe. So voll im Drogenrausch.

Drogenrausch, schreie ich dann ganz laut, während ich mit dem Griff von dem Messer ihr immer auf die Brust haue. Und sie schreit die ganze Zeit dabei. Sagt immer ah, ah, aber auf Englisch, also äh, äh, und ich immer weiter mit der Rückseite vom Messer auf ihre Brust. Bamm. Bamm. Total echt. Und dann hält sie voll die Luft an und blinzelt auch nicht mehr mit den Augen. Total echt. Und ich lasse das Messer fallen und laufe total drogenrauschmäßig durch die Wohnung. Nancy, Nancy, schreie ich. Auch so traurig schreie ich das dann. Nancy, Nancy. Weil ich ja eigentlich traurig bin. Weil ich sie ja auch geliebt habe. Nancy, Nancy. Ja, total witzig.

Doch irgendwann kann sie dann nicht mehr die Luft anhalten. Weil sie dann wirklich sterben würde, und dann hören wir auf damit. Wir sitzen wieder im Wohnzimmer. Wir beruhigen uns. Lassen die Rauten auf uns wirken. Kontrollieren Atem.
Etwas tickt in mir, sagt sie.
Ich verschwinde mit meinen Gedanken zwischen den Rauten. Es stimmt nicht. Es tickt nicht in ihr. Wenn wirklich etwas in ihr ticken würde, dann könnte man es hören. Tick. Tick. Sie wäre wie ein Uhrwerk. Wie eine Uhr. Wie der Wecker, irgendwo in der Wohnung. Das Ticken, das wir kaum noch wahrnehmen. Weil es so viele Eindrücke gibt. Da sind ja auch noch die Rauten. Das Geräusch des Leders an unserer Haut.
Wäre sie wie der Wecker, sie würde die Zeit wissen. Aber sie weiß nichts. Sie ist kein Gegenstand. Sie ist zu nichts nütze. Jedenfalls nicht zu Dingen, die wichtig sind. Sie ist nicht so schön wie die Rauten. Man kann nicht auf ihr sitzen. Würde sie ticken, sie wäre so etwas wie eine Maschine. Ein Apparat. Ein Gegenstand. Aber sie ist nur zu Dingen zu gebrauchen, die nicht wichtig sind. Vögeln, flattern.

In dir tickt nichts, sage ich.

Doch, sagt sie. Hör mal.

Wir halten den Atem an, um besser hören zu können. Wir versuchen etwas zu hören, was es nicht gibt. Es ist still um uns. Die Rauten machen keine Geräusche. Das Leder nur, wenn wir uns bewegen. Wir bewegen uns nicht. Wir sind still im Wohnzimmer.

In dir tickt nichts, sage ich. Du tickst nicht.

Nein, sagt sie. Ich ticke nicht. Das habe ich mir ausgedacht.

Gut, sage ich.

Ja, sagt sie.

Ute

Am Tresen beginnt es. Und dort endet es auch.
Sie hat lange blonde Haare. Sie riecht nach frittierten Wassertieren. Flecken auf ihrer gestreiften Bluse. Längs gestreift, als wenn das helfen würde. Ihr strähniges Haar hängt in meinem Glas. Sie fährt sich mit den Händen hindurch. Ihre Finger sind dick. Immer wieder tauchen sie zwischen dem blonden Stoff auf. Wie fette Delphine, die mit dem Tod ringen. Dabei fallen ihr Haare vom Kopf auf den Tresen. Ich versuche, einen Teil davon wegzuwischen. Die Haare kleben an meinen Handflächen. Ich reibe sie an meiner Hose ab. Als ich wieder aufblicke, ist ihr Gesicht ganz nah vor meinem. Eine entsetzliche Nahaufnahme. Unsere Nasen berühren sich fast. Ich rieche so etwas wie Atem zwischen ihren spröden Lippen. Drum herum eine riesige Fläche Haut. Ganz weit oben zwei schwarze Flecken. Groß wie Medizinbälle. Sie starren mich an. Weiter unten dröhnt es.
Ich bin Ute, grollt es zwischen den roten Fleischstreifen hervor. Anschließend stößt sie auf. Hoppala, sagt sie.
Hoppala, dass ich nicht lache.
Ihre Hand taucht neben meinen Augen auf. Hält ein Glas. Kohlensäure versucht daraus zu entkommen. Springt immer wieder hoch, um dann erschöpft zurück in ihre Pranken fallen zu müssen. Das Ende in ihrem monströsen Magen gewiss.
Ich hebe ebenfalls mein Glas. Es scheint, dass ich keine andere Wahl habe. Vorsichtig versuche ich es gegen den schmalen Glasrand zu schlagen, der noch zwischen ihrem Fleisch hervorguckt. Es gelingt nicht. Ich stoße immer wieder gegen das Fleisch an ihren Fingern.

Ich bin Amtsberg, sage ich resigniert.

Sie lacht laut, dass ich zusammenfahre. Schlingt einen ihrer weißen Arme um meinen. Zieht mich an sich ran, um so aus ihrem Glas trinken zu können. Ich versuche ebenfalls, an mein Glas zu gelangen. Es klappt nicht wirklich. Das meiste landet daneben. Meine Hose ist nass.

Als ich mein Glas zurück auf den Tresen stellen will, spüre ich sie auch schon. Sie umklammert meinen Kopf mit dem beweglichen Fleisch am Ende ihrer Arme. Hält ihn fest. Zieht ihn zu sich ran. Direkt auf ihr Gesicht zu. Ich kann aus nächster Nähe mitverfolgen, wie sich ihre Lippenmasse zusammenzieht. Wie alte Haut auf gekochtem Pudding sieht es aus. Sie nähert sich mir immer mehr. Immer dichter kommt sie.

Ich versuche abzuhauen. Lasse mich vom Hocker fallen. Der Hocker fällt um. Es ist laut. Leute drehen sich nach uns um. Aber sie lässt nicht los. Ich hänge mit meinem Kopf weiter zwischen ihren Fleischzwingen fest.

Sie zieht mich hoch. Weiter und weiter. Ich kann den Boden unter mir nicht mehr berühren. Meine Beine schaukeln eine Weile in der Luft, bis mir ein lautes Knacken durch den Körper fährt. Ich höre noch einmal ihre hallende Stimme. Gib Ute ein Küsschen, ein Küsschen. Und dann ist da nur noch dies schwarze Licht, das mich umgibt. Und unter sich begräbt.

Vergraben

Ich habe sie dann einfach vergraben, um endlich vergessen zu können. Vergessen zu können, was gewesen ist. Man muss die Vergangenheit hinter sich lassen, habe ich in einem Buch gelesen, das *Man muss die Vergangenheit hinter sich lassen* heißt. Das Vergraben schien mir die einzige Möglichkeit zu sein.

Ich bin nachts mit ihr hinter das Haus gegangen. Ich wollte allein sein mit ihr. Ich habe angefangen, mit dem Spaten zu graben, und sie hat währenddessen Kinderlieder gesungen. Lieder, von denen sie vorgab, sie sich selbst ausgedacht zu haben. Ich habe ihr Erde auf die Füße geschmissen, um ihr zu zeigen, dass ich das nicht glaube. Aber sie hat sich nicht stören lassen. Hat weiter *Lalelu* gesungen, als gäbe es Preise dafür zu gewinnen. Kinderliedersingpreise. So ist es eine Weile weitergegangen.

Als die Grube tief genug gewesen ist, dass ein Mensch, der zum Beispiel genauso groß ist wie sie, hineinpasst, hat sie gerade *wer wie was* gesungen. Sie beteuerte noch, sie hätte sich den Text selbst ausgedacht. Beharrte auch weiterhin darauf, als ich lauthals mitsang. Sie wunderte sich nicht, dass ich, wie Millionen anderer Kinder, den Text mitsingen konnte.

Als sie in der Grube stand, sang sie zwar noch genauso laut wie vorher, aber es war leiser geworden, weil sie tiefer in der Welt stand als ich. Ich hörte das Lied von *Hänschenklein*, der in den tiefen Wald hineinging, nur noch schwach. Es wurde schwächer und schwächer, je mehr Erde ich wieder zurück in die Grube schippte. Von der dritten Strophe verstand ich kaum noch etwas, die vierte nahm ich nur noch als

ein Summen wahr. Ob es weitere Strophen gab, konnte ich schon gar nicht mehr sagen.
Ich klopfte die Erde obenauf mit dem Spaten platt. Trat sie nochmal mit meinen Füßen fest, um sicherzugehen. Anschließend ging ich wieder nach oben in die Wohnung.

Ich trank gerade Bier und sah mir eine Dokumentation über Sexualpraktiken in Uruguay an, als sie in der Tür stand. Noch frische Erde im Haar, und auch ihr kleines Sternenkleidchen war ganz schmutzig geworden. Sie pfiff A*uf der Mauer, auf der Lauer*, dabei klatschte sie übertrieben fröhlich in die Hände.

Ich habe das Vergraben dann aufgegeben. Ich habe sie noch in derselben Nacht erschossen. Das Erschießen schien mir die einzige Möglichkeit zu sein. Man muss sich gegen sein Schicksal auflehnen, habe ich einmal in einem Buch gelesen, das *Man muss sich gegen sein Schicksal wehren* hieß. Sie fiel auf den Teppich, und die Kinderlieder hörten sofort auf.
Danach rief ich die Polizei an. Das stand auch in einem Buch, das *Man kann sich seinem Schicksal nicht entziehen* hieß, und ich gab es auf, zu fliehen, meinem Schicksal davonzulaufen.

Ich bin jetzt sehr einsam, obwohl ich meine Zelle mit mehreren bisexuellen Männern teile. Aber wir reden nicht viel miteinander. Wir tun andere Dinge. Ich nutze die freie Zeit zum Lesen. Leihe mir Bücher in der Gefängnisbibliothek aus. Titel wie zum Beispiel *Das Leben teilen mit bisexuellen*

Männern oder *Eingesperrtsein ist nicht gleich Eingesperrtsein* oder *Nicht viel miteinander reden* oder *Andere Dinge tun* oder *Nutze die Zeit zum Lesen* oder *Leihe dir Bücher in der Gefängnisbibliothek aus.* Alles tolle Bücher, die einem helfen, mit dem Leben zurechtzukommen. Lesen hilft. Das ist schön.

Vögel am Stadtrand

Wir vögelten am Stadtrand. Dort, wo es dunkel war. Wo niemand war, der sehen konnte. Höchstens Blinde, die mit Hunden durch das Dickicht streiften, auf der Suche nach Essbarem. Nahrung, die man fühlen konnte. Vögel, die um ihr Leben schrien.
Wir fuhren immer weg von unserem eigentlichen Leben. Möglichst weit weg, damit uns niemand sehen konnte. Wir gehörten nicht zusammen. Passten nicht zueinander.
Wir machten Liebe auf der Rückbank. Verhielten uns, so ruhig es eben ging dabei. Waren wir fertig, fuhren wir zurück und jeder ging wieder seiner Wege. Sie wohnte in einem Vorort der Stadt, ich im Zentrum. Das war fast alles, was wir voneinander wussten.

Wir trafen uns an einer Stelle der Stadt, wo viele Menschen waren. Wo viele Menschen sich trafen. Man fiel dort nicht auf.
Ich stand auf dem Parkplatz des Krankenhauses. Rauchte, schon lange nicht mehr nervös. Hatte die Autotür geöffnet. Es war angenehm warm. Ich konnte die Zeit des Wartens nutzen, um braun zu werden. Hörte leise Livemusik von Springsteen.
Die Hälfte der Leute hier war krank. Die, die nicht krank waren, trugen weiße Kleidung. Sie halfen den Kranken, gesund zu werden. Sie bekamen Geld dafür. Sie schoben die Kranken auf Rollstühlen und Bahren in das Krankenhaus. Man würde sie so bald nicht wieder sehen.
Ich wusste nicht, woher sie kam. Ich sah sie nie kommen. Wusste nicht, ob sie aus dem Krankenhaus kam oder einfach

nur über den Parkplatz schlenderte. Oder ob sie mit dem Bus kam. Ich sah sie immer erst, wenn sie neben dem Wagen stand. Neben der Beifahrertür.
Sie trug schwarze Regenkleidung und eine getönte Damensonnenbrille. Das musste sie nicht tun, aber ich hatte das Gefühl, dass ihr das gefiel. Sie sah aus wie Audrey Hepburn, und sie wollte auch so aussehen. Sie erwähnte einmal so etwas. Es war einer der wenigen Dialoge, die wir geführt hatten.
Ein anderes Mal sagte sie, dass sie Angst vor der Apokalypse hätte. Ich sagte, ich nicht. Und das war es. Ich kann mich nicht daran erinnern, viel mehr Worte mit ihr gewechselt zu haben.
Ich war froh darüber. Ich hatte nicht das Gefühl, viel mehr von ihr wissen zu müssen. Es reichte, um mit ihr Liebe zu machen. Die Zeit davor und danach mit ihr gemeinsam aushalten zu können.

Sie machte die Kassette aus und stellte schweigend einen Popsender ein. Die Kassette legte sie auf meinen Schoß. Ich steckte sie zurück in ihre Hülle und sortierte sie in das Kassettenfach ein.
Wir fuhren eine Weile bis zu der Stelle, wo die Vögel waren. Sie machte sich klein während der Fahrt durch die Stadt. Schob sich unter das Beifahrerfenster. Verschwand fast vollständig im Fußraum. Irgendwann hob ich meinen Daumen, und sie tauchte wieder neben mir auf. Setzte sich richtig hin. Sah für den Rest der Fahrt aus dem Beifahrerfenster. Blickte in die Industrielandschaft, die draußen an uns vor-

beizog. Wir kannten das schon. Es war unsere Art von Romantik. Fortschritt und Schnelllebigkeit. Krebshaltiger Rauch verschwand im Himmel. Blau wurde schwarz. Und man glaubte fast, die Vögel vom Himmel fallen zu sehen. Fische an der Oberfläche treiben zu sehen, hätte es das Meer noch gegeben.

Ich schaltete den Motor ab. Die Straße ging das letzte Stück bergab. Wir rollten hinunter. Sparten Benzin. Wir fuhren so lange, bis es so dicht um uns wurde, dass es dunkel um uns wurde. Ich zog die Handbremse an. Schaltete das Radio aus.
Wir kletterten auf die Rückbank und zogen uns die Unterwäsche in die Kniekehlen. Wir kannten das schon. Die Erregung war augenblicklich da. Hart und feucht. Blau wurde zu Schwarz. Fortschritt und Schnelllebigkeit.
Ich drang in sie ein. Und Gedanken gab es für diesen flüchtigen Augenblick nicht mehr. Es war leer und schwarz. Und es war egal, ob ich die Augen schloss oder sie weiter geöffnet hielt.
Sie presste die Lippen zusammen. Ich biss. Die Scheiben beschlugen nicht. Das Auto bewegte sich nicht. Es waren vorsichtige Bewegungen, die wir unternahmen. Wir hatten Zeit. Die Ziffern der Uhr im Armaturenbrett leuchteten im Dunkeln.

Wir schrien, so leise wir konnten, als wir so weit waren. Und ich fand es immer wieder schön. Fand es immer wieder schön, ihre Stimme zu hören.

Wir lächelten danach.

Unter dem Sitz waren Taschentücher. Ich reichte sie ihr. Zog mir die Hosen wieder hoch, ließ sie allein für einen Moment. Trat hinaus in die Dunkelheit, die keine wirkliche war. War man draußen, konnte man durch die Blätter den Tag erkennen, der außerhalb des Dickichts war. Die Sonne schien noch zu scheinen. Ich rauchte filterlos.
Die Gedanken kamen wieder, mit jedem Zug. Etwas erwachte in mir und begann mich wiederherzustellen. Alles wieder so zu machen, wie es zuvor gewesen war. Die Dinge änderten sich nicht. Man konnte tun, was man wollte.

Ich trat die Zigarette aus wegen der Brandgefahr und stieg wieder zu ihr ein. Sie saß auf dem Beifahrersitz und hatte aufgehört zu lächeln. Hatte sich die Sonnenbrille wieder über das Gesicht gezogen, den Kragen ihres Regenmantels hochgeschlagen. Sie täuschte Kälte vor. Ich startete den Wagen.

Kurz vor der Stadt verschwand sie wieder im Fußraum. Es sah aus, als wäre ich allein. Die Schwüle brach ins Auto. Auf der Straße wurde Bier getrunken. Frauen steckten zierliche Finger durch Espressotassenhenkel.

Auf dem Parkplatz hatte sich nichts verändert. Nur die Verhältnisse, das Licht. Ich parkte an derselben Stelle wie am Nachmittag. Würgte den Motor ab. Mit einem Stottern verschwanden die Geräusche, die uns bis hierher begleitet hatten, irgendwo im Inneren vor uns. Wir konnten wieder die Vögel hören.

Wir lächelten noch einmal kurz, um uns an das erinnern zu können, was gewesen war. Dann schüttelte sie mir die Hand und verschwand. Ich versuchte ihr noch mit meinem Blick zu folgen. Aber es hatte keinen Zweck. Sie verschwand wieder irgendwo, und ich verlor sie.

Ich blieb noch einen Augenblick dort stehen. Ich mochte die Atmosphäre. Ich sah den Kranken zu, die von den weiß gekleideten Menschen ins Innere des Gebäudes gebracht wurden. Ich schob die Kassette wieder ins Innere des Radios und lauschte. Menschen klatschten. Jemand sprach englisch mit ihnen.

Ich öffnete die Autotür und gab mich jetzt vollends der Schwüle hin. Der Himmel war noch blau, und ich sah die schwarzen Vögel, die dort kreisten. Aber ich konnte sie nicht mehr hören. Folgte nur ihren Bewegungen mit meinen Blicken, und ich hatte keine Mühe dabei. Sie konnten nicht verschwinden. Der Himmel war groß, und ich verlor sie nicht aus den Augen.

Wer sie war sagen

Sagen, wer sie war. Ich meine, zu sagen, wer sie wirklich war. Das konnte ich nicht. Wer kann das schon. Wer weiß schon vom anderen, wer er wirklich ist.

Sie schien sich jeden Tag zu verändern. Jeden Tag schien es, als würde ich wieder mit einer neuen Frau zusammenleben. Mit einer Frau, die aussah wie die davor, sich aber doch sehr von der anderen, in ihrem Wesen, zu unterscheiden schien. Am Anfang fiel es mir gar nicht auf. Ich hielt es für völlig normal. Ich hatte einiges über Frauen gelesen, und das meiste davon deckte sich eigentlich mit ihrem Verhalten. Ich dachte, irgendwann würde es schon vorübergehen, und dann wäre wieder alles ganz normal. So wie immer.

Aber es ging nicht vorüber. Es blieb so, wie es war. Und wenn es sich veränderte, dann wurde es eigentlich immer nur noch schlimmer. Sie veränderte sich mehr und mehr. Und tat ich anfangs noch so, als bemerkte ich es kaum, so konnte ich es später einfach nicht mehr ignorieren.

Sie stand eines Morgens nackt an meiner Seite des Ehebetts. Sie beobachtete mich. Und es schien, als hätte sie schon einen großen Teil der Nacht dort zugebracht.

Ich rieb mir die Augen und sah auf die roten Digitalziffern auf dem Radiowecker. Es war kurz nach fünf. Von draußen fiel etwas Licht durch die Spalten der Jalousie in unser Zimmer. Ich konnte einige Vögel hören. Nichts, was mich jemals mit besonderem Wohlgefühl erfüllt hätte.

Was ist, fragte ich, nachdem ich sie ebenfalls eine Weile angesehen hatte.

Aber sie antwortete nicht.

Ich stand auf und legte ihr meine Bettdecke um die Schultern. Nicht, dass es kalt war im Zimmer, aber ich wusste nicht, was ich sonst hätte tun sollen. Ich legte ihr meinen Arm um die Hüfte und führte sie so langsam um unser Ehebett herum. Sie ließ es sich gefallen.

Es war merkwürdig. Schweigend. Sie nackt mit der Bettdecke um ihren Körper, ich nur mit den alten Shorts bekleidet, auf der Snoopy in einer Winterlandschaft Schlitten fuhr. Woher ich sie hatte, fiel mir in diesem Moment nicht mehr ein. Aber ich weiß, dass ich daran denken musste. Auf dem Weg um unser Bett, der mir unendlich lang vorkam. Fast so wie einmal durch die Stadt.

Sie legte sich wieder hin. Und wenig später war sie eingeschlafen.

Ich saß noch eine Weile auf der Bettkante neben ihr und sah zu, wie sie schlief. Dachte daran, was gewesen war.

Mit der Zeit wurde ich müder, und das Nachdenken fiel mir immer schwerer. Ich legte mich auch wieder hin. Auf meine Seite.

Ich sah noch einmal auf den Radiowecker. Fast anderthalb Stunden waren vergangen. Es war komisch, wie die Zeit vergangen war und ich eigentlich nicht genau hätte sagen können, was wir in ihr getan hatten. Sie war wie verschwunden aus unserem Leben.

Es war kurz nach elf. Im Zimmer war es hell geworden, die Jalousien waren aufgezogen. Sie war nicht da. Ihre Seite des Betts war gemacht. Auf ihrem Kopfkissen lag die alte Stoffpuppe, die sie jeden Morgen dort hinlegte. Eine hässliche

Puppe mit gelben Wollhaaren aus ihrer Kindheit, ohne die sie nie zu Bett ging. Ich hasste die Puppe. Einfach nur so. Ohne bestimmten Grund.

Die Wohnung war leer. Sie war fort. Ein Zettel lag nirgends, aber daran war nichts Ungewöhnliches. Wir hatten schon länger mit dem Zettelschreiben aufgehört. Es kam uns als Zeitverschwendung vor, dem anderen mitzuteilen, dass man einkaufen gegangen war. Es war zu alltäglich, wir gingen einfach zu oft einkaufen. Daran war nichts Besonderes. Es gab Ausnahmen, in denen wir Zettel schrieben. Wenn wir länger irgendwo blieben, eventuell über Nacht, oder wenn wer gestorben war. Aber das kam glücklicherweise nicht allzu oft vor.

Ich duschte, zog mich an und aß in der Küche ein Brötchen von gestern. Dabei hörte ich Radio.

Draußen sah es so aus, als wäre es warm geworden, und ich überlegte, später rauszugehen. Arbeit hatte ich keine und somit den ganzen Tag Zeit.

Ich hätte nicht gesagt, dass ich auf sie wartete. Aber irgendwie war es doch so. Auch wenn ich so tat, als wenn ich es nicht tat.

Ich ging nicht nach draußen. Auch nicht, als es Nachmittag wurde, und ich tat auch sonst nichts. Ich blieb einfach nur in der Küche sitzen. Hörte Radio und sah dem Tag hinter der Fensterscheibe beim Vergehen zu. Ab und zu stand ich auf, um im Schlafzimmer nach der Zeit zu sehen. Sie verging langsam. Sehr viel langsamer als noch in der vergangenen Nacht. Ich hatte Mühe, mich jetzt richtig daran zu erinnern.

Es kam mir immer unwirklicher vor, was gewesen war, je mehr Zeit sich dazwischen schob. Trotzdem dachte ich nicht, dass ich es geträumt hatte. Ich träume fast nie. Eigentlich nur, wenn ich betrunken bin. Und ich hatte vergangene Nacht nichts getrunken. So wie die Nächte davor auch nicht.

Sie kam wieder, als es draußen schon anfing dunkel zu werden. Es war kurz nach neun, und sie sagte, sie wäre den Tag über einkaufen gewesen.
Ich stand auf, umarmte sie und küsste ihr Gesicht. Auf ihre Frage hin, was ich getan hätte, antwortete ich, dies und das. Ob ich draußen gewesen wäre, ich schüttelte den Kopf.
Ist so ein schöner Tag gewesen, sagte sie und schüttelte ebenfalls den Kopf.
Dann fing sie an, die verschiedenen Dinge, die sie gekauft hatte, aus den bunten Plastiktüten zu ziehen. Es war größtenteils Kleidung. Sie kaufte eigentlich immer nur Kleidung. Das meiste davon gefiel mir, sie hatte Geschmack.
Sie begann sich in der Küche auszuziehen, die Sachen anzuprobieren. Drehte sich ein paar Mal und führte sie mir vor. Schritt in unserer kleinen Küche auf und ab, und ich sah ihr dabei zu, sagte, schön, oder klatschte einfach nur in die Hände.

Irgendwann schliefen wir miteinander. Sie sagte, dass sie mich lieben würde. So, wie sie noch nie einen Mann geliebt hatte, und ich bekam Tränen in die Augen. Aber ich schwieg. Ich wusste nichts zu sagen. Kostete einfach nur diesen Moment aus und empfand etwas von dem, was ich mir als Glück vorzustellen versucht hatte. Ich wollte es nicht kaputtmachen. Ich wollte es möglichst lange genießen.

Es dauerte eine Weile.

Dann sagte sie, dass sie Hunger hätte, und auch ich hatte seit dem Brötchen nichts mehr gegessen.
Ich ging nackt in die Küche und sah in den hell erleuchteten Kühlschrank. Es war nicht viel, was wir hatten. Thunfisch, Eier, und im Tiefkühlfach lag eine angefangene Packung Fischstäbchen, an die ich mich nicht erinnern konnte, sie jemals gekauft zu haben.
Ich ging zurück ins Schlafzimmer und sagte, Thunfisch, Eier, Fischstäbchen. Sie lächelte und antwortete, dann Fischstäbchen. Dabei sah sie meinen erschlafften Schwanz an und zog sich die Bettdecke bis unters Kinn. Auch ich lächelte.
Ich machte Öl in der Pfanne heiß. Legte die dreizehn Fischstäbchen hinein und ging wieder zu ihr. Sie lag noch immer im Bett. Sie hatte nur aufgehört zu lächeln, stattdessen schien sie jetzt nachzudenken. Jedenfalls sah sie so aus. Die Bettdecke noch immer unter ihrem Kinn.
Ich zog mich an, während ich in der Küche das Öl spritzen hören konnte.
Ist was, fragte ich sie und bereute fast schon, gefragt zu haben. Ich hatte Angst, mit ihr über die vergangene Nacht sprechen zu müssen. Ich fand, es wäre nicht der richtige Au-

genblick. Aber sie lächelte nur wieder und antwortete, nein. Nichts. Wieso.

Nur so, erwiderte ich. Du sahst nachdenklich aus.

Es war schön, sagte sie, und ich nickte. Dann war ich wieder in der Küche.

Nach ein paar Minuten kam sie nach. Sie hatte sich einen Bademantel übergezogen, und ich war froh darüber. Ich hatte etwas Angst gehabt, sie würde nackt kommen. Warum, wusste ich eigentlich auch nicht. Ich hatte sie ja gerade erst so gesehen und würde sie aller Wahrscheinlichkeit noch häufiger nackt sehen. Und das Merkwürdige an der vergangenen Nacht war nicht, dass sie nackt gewesen war. Es war etwas anderes gewesen. Etwas, was ich nicht benennen konnte.

Ich hatte den Tag über darüber nachgedacht, aber mir war nichts eingefallen. Ich wusste nicht, was mich daran so beunruhigte. Sie hatte nackt am Bett gestanden. An sich nichts Beunruhigendes. Sie ist sehr schön. Aber etwas daran hatte mir Angst gemacht. Ein Gefühl war da, was vorher nicht da gewesen war. Etwas in meinem Kopf, das mir sagte, dass nun etwas Neues begann. Ich hörte Stimmen. Vielleicht war ich es auch, der sich veränderte. Vermutlich machte sie sich ähnliche Gedanken über mich.

Wir aßen schweigend die Fischstäbchen. Ab und zu sahen wir uns an. Wenn sich unsere Blicke trafen, lächelten wir. Das Lächeln wich aus unseren Gesichtern, wenn wir wieder auf die orangen Stäbchen auf unseren Tellern starrten. Ich konnte es bei ihr aus den Augenwinkeln beobachten. Sie war nachdenklich. Aber sie wollte mir anscheinend nicht sagen, worüber sie nachdachte. Das war in Ordnung. Ich wollte nicht nachfragen, wenn sie nicht reden wollte. So war sie manchmal, und ich hatte mich daran gewöhnt. Doch trotzdem spürte ich, dass da irgendetwas war. Etwas, von dem ich nicht wusste, was es war. Aber wusste, dass es da war.

Wir sahen noch fern, nachdem wir abgewaschen hatten. Gingen dann aber für unsere Verhältnisse relativ früh zu Bett. Es war erst kurz nach Mitternacht.
Ich lag wach. Ich musste weiterhin an die vergangene Nacht denken. Mir fiel einfach nicht ein, was mich so beunruhigte. Ich hatte Angst vor der kommenden Nacht, in der wir bereits steckten. Ich konnte ihren Atem neben mir hören. Gleichmäßig.

In der Nacht geschah nichts. Sie blieb schwarz, und ich konnte mich am nächsten Morgen an nichts Ungewöhnliches erinnern.
Wir standen auf. Frühstückten gemeinsam. Es gab den Thunfisch und die Eier. Brötchen waren keine mehr da. Wir tranken Tee.
Sie sagte, sie müsse noch einmal in die Stadt. Noch andere Dinge einkaufen. Die Sachen von gestern tauschen.
Ich nickte und schluckte Eigelb.

Sie war schon fort, als ich den Tisch abdeckte. Sie schien es eilig gehabt zu haben. Ich wusch die Teller ab und rief anschließend das Kind im Heim an, um zu hören, ob es ihm gut ging. Das Kind konnte nicht sprechen. Eine Pflegerin hielt ihm den Hörer an den Kopf. Ich sagte ein paar Dinge, die nett waren, und schwieg anschließend, um das Kind atmen hören zu können. Dann legte ich wieder auf. Ich wusste jetzt, dass es dem Kind gut ging.

Ich hatte mich daran gewöhnt, dass die Tage fast identisch waren. Es war schon lange so. Ich hatte aufgehört, mich zu langweilen. Es gab keinen Anlass mehr dazu.
Es fing sich erst an etwas zu verändern, als es Nacht wurde. Sie war immer noch nicht zurück. Ich machte mir Sorgen.
Ich lag allein in unserem Ehebett und sah den Digitalziffern zu. Etwas, was mich sonst sehr langweilte, mich aber heute nicht richtig schläfrig machen konnte. Es vergingen mehrere Stunden, in denen ich wach lag.
Als es dann draußen wieder hell zu werden begann, fielen mir endlich die Augen zu. Sie brannten, und ich schlief bis zum Nachmittag.
Anschließend stand ich auf. Ging durch die Räume unserer Wohnung. Sie waren alle leer. Sie war noch immer nicht zurück. Und sie würde auch nicht wieder zurückkehren. Ich wusste es.

Ich liege auf unserem gemachten Ehebett. Ich betrachte die Fotografie von ihr. Ich halte sie in meinen Händen. Ich denke darüber nach, wer sie wirklich war. Wie sie gewesen ist. Auf dem Bild lächelt sie. Sie trägt eine hochgeschlossene Bluse. Ihr Haar ist hochgesteckt.

Mir fällt nicht ein, wie sie gewesen ist. Wie sie wirklich gewesen ist. Ich kann mich nur noch an die Nacht erinnern. Ich sehe sie nackt vor mir. Es ist dunkel in unserem Schlafzimmer. So dunkel wie ruhig. Wir gehen um das Bett herum. Es gibt keine Vögel mehr.
Ich stelle ihre Fotografie wieder zurück. Auf den türkisen Nachttisch. Neben unserem Ehebett. Liege da. Warte auf das Ende der Dunkelheit. Die Digitalziffern bewegen sich dabei. Rosa.

Wintermantel

Einfach nur wie tot dazuliegen, das denkst du doch manchmal. Daran denkst du doch manchmal. Wenns so drückend draußen ist, wegen dem Sommer. Daran denkst du doch, frage ich sie, und ich schreie schon etwas dabei, das muss ich zugeben.

Und sie nickt und reißt die durchsichtige Folie von ihrem Wintermantel aus künstlichem Tierfell, und wir können den Geruch des Mantels riechen. Er ist sehr streng. Gerade in unserem Schlafzimmer fällt es auf, weil es hier sonst immer nur nach Bettwäsche und Lavendel riecht. Der Mantel riecht alt und muffig, er riecht nach Kälte und Winter. Dachboden.

Es sind fast dreißig Grad. Unsere Fenster sind geöffnet. Wir tragen so gut wie nichts am Leibe. Unterhosen und Badelatschen, die klatschende Geräusche beim Gehen machen. Wir können hören, wo der andere ist. Ob er steht oder sich bewegt. Und jetzt stehen wir still, halb nackt, und sie hält ihren Wintermantel in der Hand und in der anderen die Folie, die sie abgerissen hat. Die darum gewickelt war, damit die Motten, die über uns, in der Dunkelheit des Dachbodens, leben, ihn nicht auffressen. Sie hängt den Wintermantel mit einem Kleiderbügel an den Holzkleiderschrank. Wie ein Mensch hängt er da, wie etwas Lebloses, obwohl das Tierfell künstlich hergestellt worden ist. Es aus Kunststoff ist.

Ja, sagt sie, manchmal denke ich schon daran. Nur wie tot dazuliegen und abzuwarten, was passiert. Was du tust. Ob du weinst.

Ich schüttel den Kopf, und der Schweiß beginnt zu laufen. Beginnt mich so glitschig zu machen, dass ich unter ihren

Berührungen wegrutschen würde wie ein Stück Seife. Ich lege mich aufs Bett. Verschränke die Arme vor meiner Brust. Schließe die Augen. Das Letzte, was ich sehe, ist sie vor dem Fell des Mantels, das sich nicht bewegt. Nicht so flimmert wie im Winter, wenn es auch Wind gibt.

So, meinst du, frage ich und lasse es vor meinen Augen weiterhin schwarz.

Fast, sagt sie, und ich merke, wie sie sich neben mich legt. Das Bett schaukelt. Und es kommt mir für einen Augenblick so vor, als wenn sie ganz dick ist. Als wenn sie ganz aufgedunsen ist, obwohl sie das nicht ist. Weil es so schaukelt und wackelt unter ihrem Körper. Und ich spüre, wie ich hoch und runter bewegt werde. Die Sprungfedern in der Matratze.

Ich öffne die Augen und sehe sie neben mir liegen. Sie hat die Augen geschlossen. Die Hände gefaltet auf ihrem schmalen Bauch.

Ich sehe doch, dass du noch lebst, sage ich. Ich kann sehen, wie du atmest. Wie deine Brust sich hebt und senkt, und deine Lungen sich mit der Luft aus unserem Schlafzimmer füllen. Dem Lavendel.

Sie öffnet kurz die Augen. Dann holt sie tief Luft und schließt sie wieder. Ihre Brust hört auf, sich zu bewegen. Ist auf dem höchsten Punkt stehen geblieben.

Jetzt sieht es echt aus, sage ich nach einem Augenblick. Wirklich.

Doch sie rührt sich nicht. Macht nichts weiter, außer wie tot auszusehen. Wie tot dazuliegen.

Ich berühre sie an der Schulter. Sage ihren Namen. Ihre Schulter ist warm. Ihr Name Johanna. Ich rüttel ein bisschen an ihr. Ihr Kopf bewegt sich hin und her. Ich rufe noch einmal ihren Namen. Er hallt in unserem Schlafzimmer. Johanna.
Ich betrachte den Wintermantel, der am Kleiderschrank hängt wie jemand, den es gibt. Und dann sehe ich wieder sie an. Wie sie wie tot daliegt. Und ich weiß, dass sie nur so tut als ob, aber trotzdem beginnt es feuchter zu werden in meinem Gesicht. Und erst denke ich, dass das jetzt nur wieder der Schweiß ist, der an mir runterläuft. Doch es scheint aus den Augen zu kommen. Und Augen schwitzen nicht. Das weiß ich.
Ich lege meinen Kopf auf ihre stille Brust. Spüre eine Brustwarze in meinem Ohr. Wie sie die eine Hälfte meines Kopfes verschließt. Mich abschneidet von außen. Von der Welt in unserem Schlafzimmer. Und dann merke ich, wie sich ihre Brust wieder zu bewegen beginnt. Sich hebt und senkt, und mit ihr mein Gesicht und mein Kopf. Auf und ab geht es, und das, was ich sehe, verändert sich ein bisschen dabei.
So ist es, wenn ich tot bin, sagt sie leise.
Ja, sage ich. Es ist schrecklich, wenn du tot bist. Dabei nehme ich den Geruch ihrer Haut unter mir wahr. Ein salziger Geruch wie am Strand.
Und dann ist es wieder ruhig, als keiner von uns mehr was sagt. Und ich habe Angst, sie anzusehen. Ihre Augen anzuschauen, weil sie mich an den Tod von eben erinnern. Den Tod in unserem Schlafzimmer, der mir gerade hier so schrecklich vorkommt. Weil er so komisch riecht. Es fällt

auf im Schlafzimmer, weil es hier sonst immer anders riecht. Nach Bettwäsche und Lavendel. Und vielleicht auch nach Blumen. Und der Tod riecht nach Erde. Nach feuchter Blumenerde.

Zeit der Zärtlichkeit

Wir hatten den Hals voll. Unsere Zungen steckten darin. Fuhren in die verschiedenen Röhren hinein. Tief hinein. Zärtlichkeit war wie Ersticken. Es kam dem Tod sehr nahe.

Sie lebte in einer Welt, in der ich nicht zu Hause war. In die ich eindrang wie ein Marschbefehl. Eins, zwo, drei, vier. Ich kam, ohne zu klingeln. Sie hatte mir den Schlüssel gegeben. Sie hatte auch noch andere Fehler begangen. Sie hatte sich die Haare kurz schneiden lassen. Obwohl sie wusste, dass ich nur Frauen aus Zeitschriften mochte.

Ich trat ein. Dinge, die zerbrachen, waren mir egal. Ich hörte dem Knirschen zu. Ließ ihre polnischen Puppen zu Boden fallen. Hörte den Köpfen beim Splittern zu. Sah, wie es um ihre Augen herum wegbrach. Ihre Gesichter unansehnlich wurden.

Ich umklammerte ihren Hals. Zärtlichkeit war ein Hirngespinst der Fernsehindustrie. Ich presste mich an sie. Ich presste mich in sie. Wir taten so, als täten wir Liebe. Wir machten Laute dabei. Ein Stöhnen, das Ersticken schon recht nahe kam.

Wir sanken auf das Bett. Vergruben uns in frisch Gewaschenem. Wühlten. In den Resten der toten Tiere. Erstickten fast an ihren Federn. Sie zupfte sich welche aus ihrem Mund, wischte sie mir in die Brustbehaarung. Mein kleiner Gänserich, presste sie zwischen den Zähnen hervor. Es war wie aus einem italienischen Spätabendfilm, den man nur halbherzig synchronisiert hatte. Aber mir tat das keinen Abbruch. Ich knetete weiter ihre Hautwülste zwischen meinen Händen. Schob mich, so weit ich konnte, in sie. Presste, stemmte mich gegen sie. Wäre nur mit Gewalt in diesem

Moment wieder von ihr zu lösen gewesen. Aber niemand kam, um mich abzuholen. Wir trieben die Sache weiter voran.

Dann ging sie sich abwaschen von mir, und ich blieb zurück. Kraulte mir die Haare, anstatt zu rauchen. Starrte in die Dunkelheit. Dachte an Romantik.

Als sie wiederkam, roch sie nicht mehr nach mir. Sie roch nach Pflaume und Chemiefabrik. Sie reichte mir meine Kleidung und half mir, mich anzuziehen. Steckte meine Arme in die Ärmel. Zog mir die Unterhose über den Hintern. Zog die Bänder im Bund meiner Sporthose fest. Die Schuhe zog ich mir alleine an. Nur bei den Schleifen musste sie mir helfen. Sie knotete sie sehr fest. Ich konnte es durch den Schuh drücken spüren. Ein angenehmer Schmerz, der mich zurück in die Wahrheit gleiten ließ.

Sie brachte mich noch zur Tür. Küsste meine Wangen. Schob mir das Hemd richtig in die Hose. Schlaf gut, sagte sie und schob mich in den Hausflur. Dann schloss sie die Tür, und ich hörte ihren Schlüssel im Schloss. Sie schloss zweimal ab. Sie ließ ihn stecken.

Ich fand den Weg im Dunkeln die Stufen hinunter. Ich kannte das schon. Die Haustür schlug hinter mir zu. Draußen war es kalt. Ich atmete tief. Ließ mein Messer in das Gummi eines Autoreifens fahren. Es zischte. Das Zischen war besser als das Atmen. Ich inhalierte. Die Luft aus dem Reifen. Sie roch streng. Schmeckte nach Fisch, und ich begann mich wieder an das zu erinnern, was gewesen war. An die Zeit der Zärtlichkeit.